#steuernkompakt Erbschaftsteuer

Holger Rüttenauer

# #steuernkompakt Erbschaftsteuer

Für Onboarding – Schnelleinstieg – Fortbildung

2. aktualisierte und überarbeitete Auflage

Schäffer-Poeschel Verlag Stuttgart

**Bibliografische Information der Deutschen Nationalbibliothek**

Die Deutsche Nationalbibliothek verzeichnet diese Publikation in der Deutschen Nationalbibliografie; detaillierte bibliografische Daten sind im Internet über http://dnb.dnb.de/ abrufbar.

| | | |
|---|---|---|
| **Print:** | ISBN 978-3-7910-6478-9 | Bestell-Nr. 13401-0002 |
| **ePub:** | ISBN 978-3-7910-6479-6 | Bestell-Nr. 13401-0101 |
| **ePDF:** | ISBN 978-3-7910-6480-2 | Bestell-Nr. 13401-0151 |

Holger Rüttenauer
**#steuernkompakt Erbschaftsteuer**
2. aktualisierte und überarbeitete Auflage, März 2025


Reinsburgstr. 27, 70178 Stuttgart
www.schaeffer-poeschel.de | service@schaeffer-poeschel.de

Bildnachweis (Cover): © Umschlag: Stoffers Grafik-Design, Leipzig

Produktmanagement: Ruth Kuonath
Lektorat: Barbara Buchter, extratour, Freiburg



Schäffer-Poeschel Verlag Stuttgart
Ein Unternehmen der Haufe Group SE

# Vorwort

Der Band Erbschaftsteuer aus der Reihe #steuernkompakt möchte dem Leser einen fundierten Überblick über die wesentlichen Bereiche des Erbschaftsteuerrechts inkl. der erforderlichen Bewertungsfragen geben. Entlang der Chronologie eines Erbfalls oder einer Schenkung werden die Grundzüge des Erbschaft- und Schenkungsteuerrechts und die bedeutenden Problemfelder angesprochen. Der Band bietet einen praxisorientierten Einstieg in ein möglicherweise neues Rechtsgebiet und ist mit vielen Beispielen, Beratungshinweisen, Grafiken und Übersichten ausgestaltet.

Der Inhalt basiert auf dem Rechtsstand Januar 2025. Enthalten sind die Regelungen des ErbStG und des BewG nach der Erbschaftsteuerreform 2016 und die entsprechenden Ausführungen aus den Erbschaftsteuerrichtlinien und -hinweisen 2019. Daneben sind die Neuregelungen aus den Jahressteuergesetzen 2020–2024 inkl. der Änderungen bei der Grundstücksbewertung ab 2023 sowie die aktuelle Rechtsprechung der Finanzgerichte und des Bundesfinanzhofs eingearbeitet.

Nach dem ersten Kapitel mit allgemeinen und statistischen Informationen zur Erbschaftsteuer enthält Kapitel 2 einen Überblick über die Grundlagen des Erbrechts, insbesondere aus dem Bürgerlichen Gesetzbuch. In Kapitel 3 werden u.a. die folgenden erbschaftsteuerlichen Regelungen näher erläutert: die steuerpflichtigen Erwerbsvorgänge, die persönliche Steuerpflicht, die Ermittlung des steuerpflichtigen Erwerbs, die Steuerbefreiungen und Verschonungen sowie die Steuerfestsetzung. Kapitel 4 behandelt die Bewertung der einzelnen zum Nachlass oder zu einer Schenkung gehörenden Wirtschaftsgüter, z.B. die Bewertung des Grundvermögens, des LuF-Vermögens und des Unternehmensvermögens. Daneben werden die verfahrensrechtlichen Vorschriften des gesonderten Feststellungsverfahrens erläutert. In den letzten beiden Kapiteln werden die bei der Erbschaft- und Schenkungsteuer zu verwendenden Erklärungsvordrucke vorgestellt und es wird ein Überblick über die für die Erbschaftsteuer zentral zuständigen Finanzämter in Deutschland gegeben.

Karlsruhe, im März 2025 — Holger Rüttenauer

# Inhaltsverzeichnis

# Abkürzungsverzeichnis

| | |
|---|---|
| Abs. | Absatz |
| AfA | Absetzung für Abnutzung |
| AG | Aktiengesellschaft |
| AK | Anschaffungskosten |
| AO | Abgabenordnung 1977 |
| Art. | Artikel |
| AWH | Arbeitsgemeinschaft Wertermittlung im Handwerk |
| BauGB | Baugesetzbuch |
| BewG | Bewertungsgesetz |
| BFH | Bundesfinanzhof |
| BGB | Bürgerliches Gesetzbuch |
| BGF | Brutto-Grundfläche |
| BMF | Bundesfinanzministerium |
| Buchst. | Buchstabe |
| BV | Betriebsvermögen |
| BVerfG | Bundesverfassungsgericht |
| bzw. | beziehungsweise |
| ca. | circa |
| d. h. | das heißt |
| EFH | Einfamilienhaus |
| ErbSt | Erbschaftsteuer |
| ErbStG | Erbschaftsteuergesetz |
| ErbStDV | Erbschaftsteuer-Durchführungsverordnung |
| ErbStH | Erbschaftsteuer-Hinweise |
| ErbStR | Erbschaftsteuer-Richtlinien |
| EStG | Einkommensteuer-Gesetz |
| EWR | Europäischer Wirtschaftsraum |
| f. | folgende |
| ff. | fortfolgende |
| FA, FÄ | Finanzamt, Finanzämter |
| FlSt. | Flurstück |
| GBO | Grundbuchordnung |
| GewSt | Gewerbesteuer |
| GG | Grundgesetz der Bundesrepublik Deutschland |
| ggf. | gegebenenfalls |
| GmbH | Gesellschaft mit beschränkter Haftung |
| GmbHG | Gesetz betr. die Gesellschaften mit beschränkter Haftung |
| IDW | Institut der Wirtschaftsprüfer in Deutschland e. V. |
| inkl. | inklusive |

| | |
|---|---|
| i. H. v. | in Höhe von |
| i. S. d. | im Sinne der/des |
| i. V. m. | in Verbindung mit |
| KapG | Kapitalgesellschaft |
| KG | Kommanditgesellschaft |
| KSt | Körperschaftsteuer |
| LPartG | Gesetz über die eingetragene Lebenspartnerschaft vom 16.02.2001 (Lebenspartnerschaftsgesetz) |
| LSt | Lohnsteuer |
| LuF | Land- und Forstwirtschaft |
| lt. | laut |
| Mio. | Million |
| Mrd. | Milliarde |
| MWG | Mietwohngrundstück |
| Nr. | Nummer |
| R | Richtlinie |
| RHK | Regelherstellungskosten |
| SchSt | Schenkungsteuer |
| SolZ | Solidaritätszuschlag |
| Tz. | Textziffer |
| u. a. | unter anderem |
| UmwStG | Umwandlungssteuergesetz |
| vgl. | vergleiche |
| WEG | Wohnungseigentumsgesetz |
| z. B. | zum Beispiel |
| ZFH | Zweifamilienhaus |

# 1 Allgemeines

## 1.1 Grundsätzliches zur Erbschaft-/Schenkungsteuer

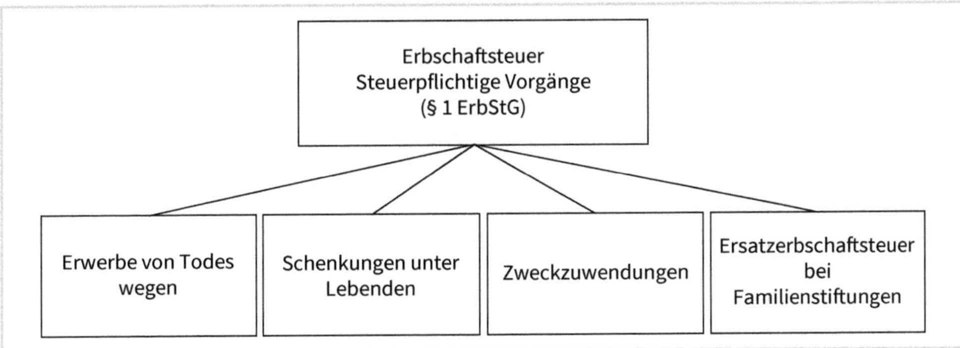


**Abb. 1:** Übersicht steuerpflichtige Vorgänge

Die Erbschaft- und Schenkungsteuer besteuert den **Übergang von Vermögen** auf eine andere Person im Zusammenhang mit einem Erbfall oder im Wege einer Schenkung unter Lebenden. Daneben ergänzen die Besteuerung von Zweckzuwendungen und die Ersatzerbschaftsteuer von Familienstiftungen bzw. Familienvereinen die Grundtatbestände der Erbschaftsteuer.

Erbschaft- und Schenkungsteuer sind im Wesentlichen identisch und ergänzen sich gegenseitig. Die **Schenkungsteuer** besteuert Erwerbe unter Lebenden, während die **Erbschaftsteuer** Erwerbe im Zusammenhang mit einem Erbfall betrifft. Die Schenkungsteuer soll verhindern, dass die Erbschaftsteuer durch eine Schenkung zu Lebzeiten umgangen wird. Sie sichert daher die gleichmäßige Besteuerung aller unentgeltlichen Vermögensübertragungen (vgl. Steuertipps für Erbschaften; Ministerium für Finanzen Baden-Württemberg).

**Merke**

Die Schenkungsteuer ist für die Gestaltungsberatung bedeutender, da die steuerlichen Folgen einer Schenkung besser plan- und gestaltbar sind als ein Vermögensübergang von Todes wegen. Zudem können unter Ausnutzung der alle zehn Jahre möglichen persönlichen Freibeträge regelmäßig Vermögensgegenstände übertragen werden, ohne dass hierbei eine Schenkungsteuer entsteht.

Die deutsche Erbschaftsteuer ist als **Erbanfallsteuer** ausgestaltet. Sie bemisst sich nach der durch den Erbfall eintretenden Bereicherung beim Erwerber. Dies ist in der Regel der Erbe bzw. der Beschenkte.

Die Erbschaftsteuer erfasst damit die erhöhte steuerliche und wirtschaftliche Leistungsfähigkeit, die durch den Vermögenszugang beim Erwerber eingetreten ist **(Bereicherungsprinzip)**.

Geht Vermögen auf mehrere Personen über, bemisst sich die Steuer nach dem Wert des jeweiligen Teilerwerbs. Entsprechendes gilt auch für die Schenkungsteuer.

Der Besteuerung unterliegt damit nur der Erwerb, den der Erbe bzw. der Beschenkte tatsächlich erhalten hat. Das System der Erbanfallsteuer berücksichtigt die verwandtschaftliche Beziehung eines Erwerbers zum Erblasser bzw. Schenker. Es erfolgt daher eine auf den Erwerber individuell abgestimmte Belastung durch entsprechende persönliche Freibeträge und durch einen gestaffelten Steuertarif. Bei einer Erbschaft ist jeder einzelne Erwerber Steuerschuldner für seinen Vermögensanfall. Bei einer Schenkung ist der Beschenkte und daneben der Schenker Steuerschuldner (vgl. Steuertipps für Erbschaften; Ministerium für Finanzen Baden-Württemberg).

Im Gegensatz zur Erbanfallsteuer steht die **Nachlasssteuer** (z. B. in den USA). Diese erfasst das Vermögen des Erblassers und bemisst sich nach dessen Leistungsfähigkeit.

Im System des deutschen Steuerrechts wird die Erbschaftsteuer vorwiegend den **Verkehrssteuern** zugerechnet, da sie den wirtschaftlichen Vorgang des Substanzübergangs besteuert. Die Erbschaftsteuer ist ebenso eine **Personensteuer**, da sie auf die Person des Erben bzw. Erwerbers zugeschnitten ist.

## 1.2 Erbschaftsteuerstatistik Deutschland 2023

- 1.028.206 Sterbefälle; steuerpflichtig: 132.291 (= 12,87 %)
- Steuerpflichtige Schenkungen: 40.627
- Durch Erbfälle und Schenkungen übertragenes steuerpflichtiges Vermögen: 121,5 Mrd. € (2018 = 84,7 Mrd. €)
- Geerbtes Vermögen: 61,2 Mrd. € (= 50,4 %); Geschenktes Vermögen: 60,3 Mrd. € (= 49,6 %) (vgl. www.destatis.de)

| Vermögensart | Anteil |
|---|---|
| Land- und forstwirtschaftliches Vermögen | 1,2 % |
| Grundvermögen | 36,7 % |
| Betriebsvermögen | 23,9 % |
| Übriges Vermögen (z. B. Bankguthaben, Wertpapiere, Anteile an Kapitalgesellschaften) | 38,2 % |

**Tab. 1:** Anteile erworbenes Vermögen aus steuerpflichtigen Fällen 2023

## 1.3 Erbschaftsteuer-Aufkommen

Das Erbschaftsteueraufkommen in Deutschland betrug im Jahr 2023 ca. 11,8 Mrd. € (2019: ca. 7 Mrd. €). Die Schenkungsteuer trug zum Gesamtaufkommen der Erbschaftsteuer knapp 35% bei (2019: ca. 15%). Betrachtet man die gesamten Steuereinnahmen von Bund, Ländern und Gemeinden, so hat die Erbschaft- und Schenkungsteuer 2023 daran einen Anteil von ca. 1,3%.

Die Erbschaftsteuer steht den Ländern zu und wird auch von diesen verwaltet. Die Gesetzgebungskompetenz liegt beim Bund.

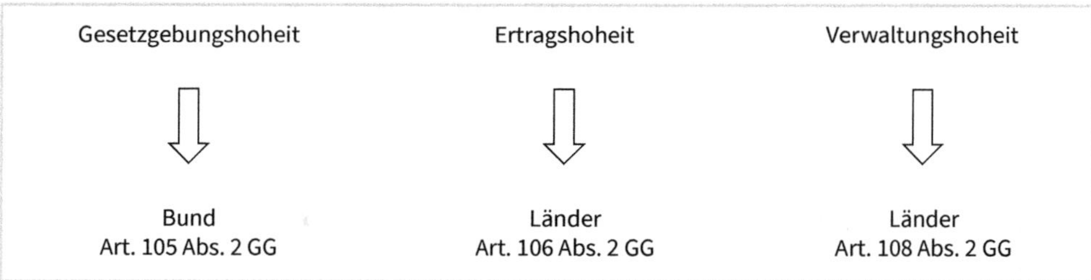


**Abb. 2:** Gesetzgebungs-, Ertrags- und Verwaltungshoheit der Erbschaftsteuer

**Erbschaftsteueraufkommen Deutschland**

| Jahr | Mrd. € |
|---|---|
| 2015 | 5,5 |
| 2018 | 6,7 |
| 2020 | 8,5 |
| 2021 | 11,1 |
| 2022 | 11,4 |
| 2023 | 11,8 |

**Tab. 2:** Erbschaftsteueraufkommen Deutschland (Quelle: www.destatis.de)

**Verteilung Erbschaftsteueraufkommen 2019 auf einzelne Bundesländer**

| | |
|---|---|
| Bayern | 26,54% |
| Nordrhein-Westfalen | 21,14% |
| Baden-Württemberg | 14,30% |
| Hessen | 9,60% |
| Niedersachsen | 7,04% |
| Hamburg | 4,87% |
| Berlin | 4,60% |

| | |
|---|---|
| Rheinland-Pfalz | 4,34 % |
| Schleswig-Holstein | 3,13 % |
| Bremen | 1,31 % |
| Sachsen | 0,97 % |
| Saarland | 0,83 % |
| Brandenburg | 0,55 % |
| Sachsen-Anhalt | 0,27 % |
| Mecklenburg-Vorpommern | 0,26 % |
| Thüringen | 0,24 % |

**Tab. 3:** Verteilung Erbschaftsteuer auf Bundesländer 2019 (Quelle: www.bundesfinanzministerium.de)

# 2 Zivilrechtliche Grundlagen

## 2.1 Allgemeines

Die Erbrechtsgarantie in Art. 14 GG gewährleistet das Erbrecht als Rechtsinstitut sowie als Individualrecht und ergänzt insoweit die Eigentumsgarantie.

Das Erbschaftsteuerrecht ist eng mit den zivilrechtlichen Regelungen des Bürgerlichen Gesetzbuchs (BGB) verknüpft. Das deutsche Erbrecht ist im 5. Buch des BGB geregelt (§§ 1922–2385). Hierbei gelten folgende Grundsätze:

1. **Privaterbfolge:** Das Vermögen des Erblassers wird in private Hand geleitet. Der Staat wird nur Erbe, wenn kein privater Erbe vorhanden ist.
2. **Testierfreiheit**: Der Erblasser kann durch Verfügung von Todes wegen weitestgehend nach seinen Wünschen den Nachlass regeln.
3. **Familienerbrecht**: Trifft der Erblasser keine abweichende Verfügung, erben die Familie, der Ehegatte sowie die nächsten Verwandten.
4. **Vonselbsterwerb**: Das Vermögen des Erblassers fällt den Erben kraft Gesetzes ohne deren Zutun und evtl. ohne deren Wissen zu. Dies erfolgt zunächst nur vorläufig, da das Recht zur Ausschlagung innerhalb einer bestimmten Frist besteht.
5. **Gesamtrechtsnachfolge**: Grundsätzlich gehen das Vermögen und die Schulden des Erblassers als Ganzes auf den bzw. die Erben über.

Die wichtigste Gruppe der Rechtsnachfolger von Todes wegen sind die Erben, die als gesetzliche Erben oder als vom Erblasser eingesetzte Erben denkbar sind. Auf die Erben geht das Vermögen des Erblassers als Ganzes im Wege der Gesamtrechtsnachfolge über (§ 1922 BGB). Die Erbfolge ist die Rechtsnachfolge des Erben in das gesamte Vermögen des Erblassers einschließlich aller Verbindlichkeiten. Dies gilt auch dann, wenn das Vermögen negativ ist, weil die Schulden überwiegen. Der Erbe hat jedoch das Recht zur Ausschlagung der Erbschaft (§ 1942 BGB).

## 2.2 Überblick gesetzliche und gewillkürte Erbfolge

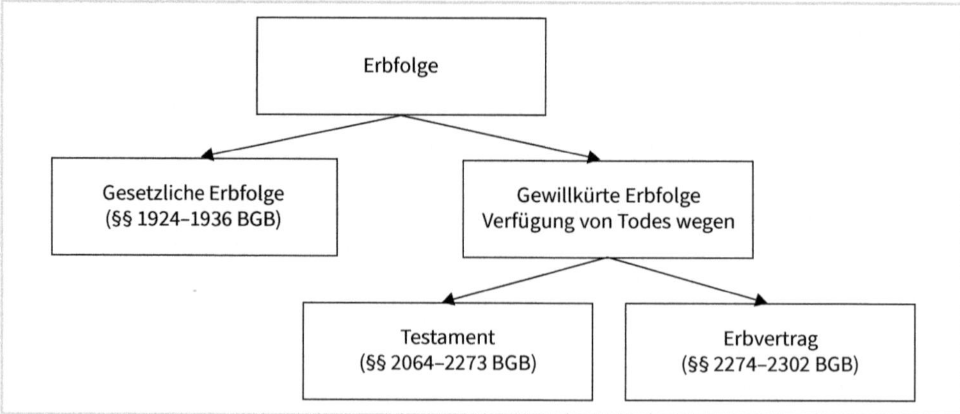


**Abb. 3:** Überblick gesetzliche und gewillkürte Erbfolge

## 2.3 Gesetzliche Erbfolge

**Auf den Punkt gebracht**

Die gesetzliche Erbfolge tritt ein, wenn der Erblasser kein (wirksames) Testament errichtet hat. Hierbei erben grundsätzliche Blutsverwandte des Erblassers sowie Ehegatten bzw. eingetragene Lebenspartner. Es besteht ein Vorrang von näher mit dem Erblasser verwandten Personen (z. B. Kinder vor Enkeln bzw. Eltern). Ist kein Erbe vorhanden bzw. haben die Erben die Erbschaft ausgeschlagen, erbt der Staat. Das ist das Bundesland, in dem der Verstorbene im Todeszeitpunkt lebte.

Die gesetzliche Erbfolge (§§ 1924–1936 BGB) tritt immer dann ein, wenn

- der Erblasser keine Verfügung von Todes wegen (z. B. Testament) errichtet hat,
- die Erbeinsetzung in einer Verfügung von Todes wegen unwirksam ist,
- die wirksame Verfügung von Todes wegen aus tatsächlichen oder rechtlichen Gründen nicht ausgeführt werden kann (z. B. Verzicht, Ausschlagung, Erbunwürdigkeit, Vorversterben des Bedachten).

Nach der gesetzlichen Erbfolge erben grundsätzlich nur Verwandte, also Kinder, Enkel, Eltern, Großeltern und Personen, die gemeinsame Eltern, Großeltern, Urgroßeltern oder noch entferntere gemeinsame Vorfahren haben. Es wird auf die Blutsverwandtschaft abgestellt. Hierdurch wird sichergestellt, dass niemand ohne Erben stirbt.

**Merke**

Im Rahmen der gesetzlichen Erbfolge nicht berücksichtigt werden also Verschwägerte, wie beispielsweise die Schwiegermutter und der Schwiegersohn sowie der Stiefvater oder die Stieftochter.

Falls Stiefkinder (Kinder des Ehegatten) Erben werden sollen, müssen diese per Testament eingesetzt werden. Gleiches gilt für Kinder von Lebensgefährten.

Eine weitere Ausnahme von dem Grundsatz, dass gesetzliche Erben nur Blutsverwandte sein können, besteht für Ehegatten und Partner einer eingetragenen Lebenspartnerschaft. Auch diesen gewährt das BGB und das LPartG ein gesetzliches Erbrecht.

### 2.3.1 Gesetzliches Erbrecht der Verwandten

Das gesetzliche Erbrecht der Verwandten wird vom sog. Parentelsystem bestimmt. Je nach Abstammung von bestimmten Vorfahren werden die Verwandten in Ordnungen eingeteilt.

Die Reihenfolge der Verwandten, die bei gesetzlicher Erbfolge zum Zuge kommen, richtet sich nach Ordnungen (§§ 1924–1929 BGB), wobei Verwandte vorrangiger Ordnung die Verwandten nachfolgender Ordnungen ausschließen (§ 1930 BGB). Die Erbfolge erfolgt nach Stämmen. Dabei bildet jedes Kind einen Stamm und erbt zu einem gleichen Anteil.

Im Einzelnen gibt es folgende Erbordnungen:

- 1. Ordnung: Abkömmlinge des Erblassers,
- 2. Ordnung: Eltern des Erblassers und deren Abkömmlinge,
- 3. Ordnung: Großeltern des Erblassers und deren Abkömmlinge,
- 4. Ordnung: Urgroßeltern des Erblassers und deren Abkömmlinge,
- 5. Ordnung: Entfernte Voreltern des Erblassers und deren Abkömmlinge.

Das Verhältnis der Ordnungen regelt § 1930 BGB. Eine numerisch niedrigere Ordnung schließt die höhere Ordnung von der Erbfolge aus.

**Schaubild der Erbordnungen**

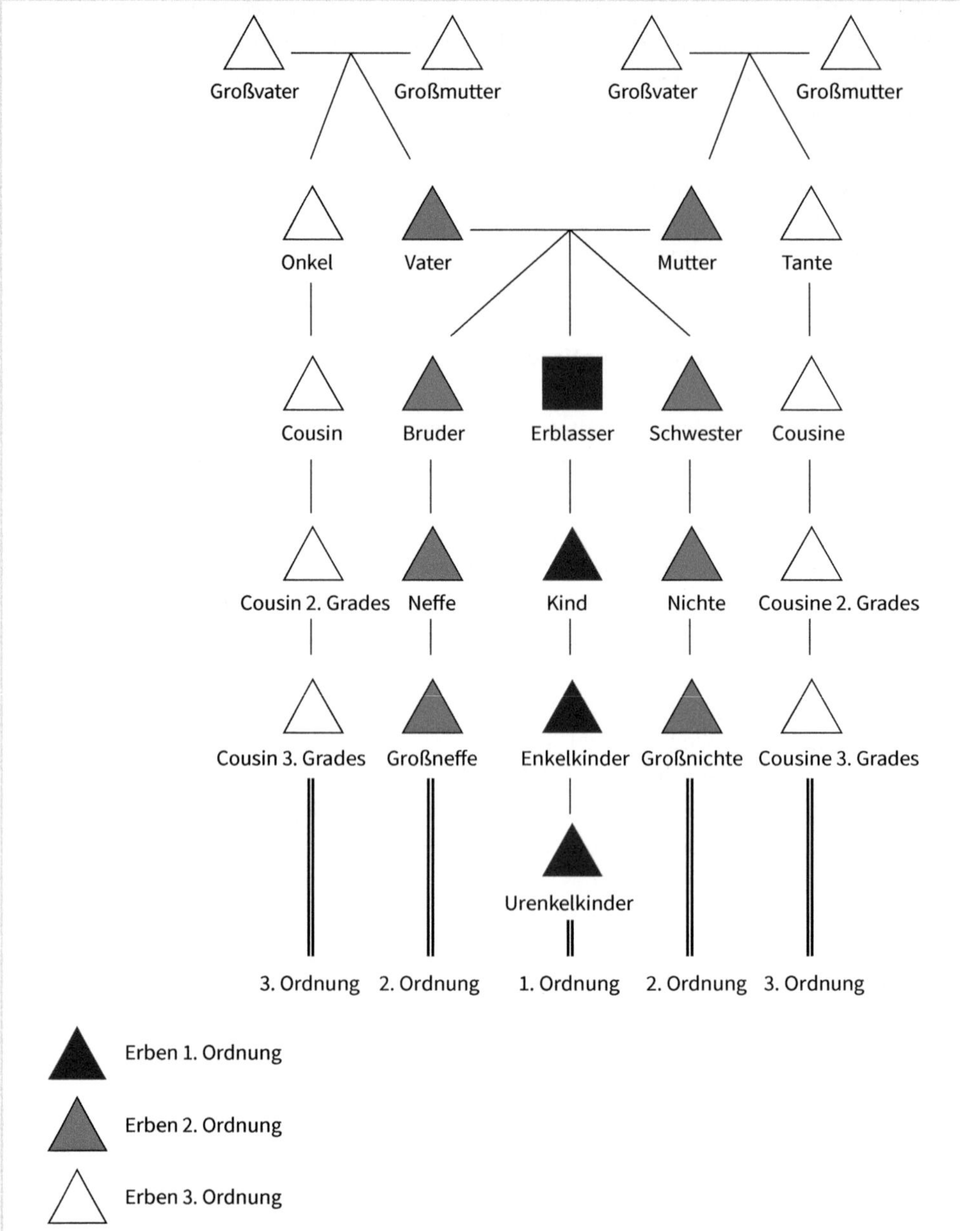


**Abb. 4:** Schaubild der Erbordnungen (Quelle: Steuertipps für Erbschaften; Ministerium für Finanzen Baden-Württemberg)

Die **1. Ordnung** beschränkt sich auf die Abkömmlinge des Erblassers. Neben den ehelichen Kindern sind dies aber auch nichteheliche, adoptierte und bereits gezeugte Kinder. Sind Kinder des Erblassers vor ihm verstorben, so erben deren Nachkommen, also die Enkel des Erblassers; sind diese nicht mehr am Leben, erben die Urenkel usw.

Hierbei erfolgt die Erbquotenermittlung nach Stämmen. Jedes Kind bildet einen Stamm. Kindeskinder bilden Unterstämme. Es gilt das Repräsentationsprinzip, wonach lebende Stammeltern (Kinder des Erblassers) ihre Abkömmlinge von der Erbschaft ausschließen und das Eintrittsrecht, wonach an die Stelle der verstorbenen Eltern (Kinder des Erblassers) deren Kinder (Enkel des Erblassers) treten. Die vorhandenen Stämme (Kinder) erben zu gleichen Teilen (§ 1924 BGB).

**Beispiel**

Der verwitwete E ist verstorben. Er hatte die Kinder A, B und C. A ist kinderlos, B hat die Kinder S und T, C ist vor E verstorben und hatte die Kinder X und Y.

**Lösung**
Die Stämme A, B und C erben jeweils 1/3. A erbt sein Drittel, B erbt sein Drittel und schließt damit seine Kinder S und T von der Erbschaft aus. Das auf C entfallende Drittel erben die Kinder X und Y zu jeweils 1/6.

**Abwandlung**
Wäre C dagegen kinderlos verstorben, dann hätten A und B zu je 1/2 geerbt. Der Anteil des C wäre weder auf dessen Ehegatten noch auf andere Verwandte übergegangen.

Die **Erben der 2. Ordnung** sind die Eltern des Erblassers. Sollten ein Elternteil oder auch beide Eltern bereits verstorben sein, kommen deren weitere Nachkommen zum Zuge, also die Geschwister des Erblassers; sollten diese nicht mehr leben, deren Kinder und ggf. Kindeskinder usw.

Erben der 2. Ordnung können nur Erben werden, wenn keine gesetzlichen Erben der 1. Ordnung vorhanden sind (§ 1930 BGB) oder diese die Erbschaft ausgeschlagen haben. Leben Vater und Mutter noch, so schließen sie die Geschwister des Verstorbenen von der Erbfolge aus. Ist ein Elternteil verstorben, so gelangt dessen Anteil an die Geschwister des Erblassers (§ 1925 BGB).

**Beispiel**

Witwe W verstirbt kinderlos. Ihr Vater V ist vor ihr verstorben, ihre Mutter M lebt noch. Daneben leben noch die Geschwister A, B und C.

**Lösung**
M erbt die Hälfte des Nachlasses. A, B und C erben zu je 1/6 die andere Hälfte.

**Abwandlung**
War W das einzige Kind von V und M, dann würde M das gesamte Vermögen der W erben.

An der Spitze der **3. Erbordnung** stehen die Großeltern des Erblassers. Diese können nur erben, wenn keine gesetzlichen Erben der 1. und 2. Ordnung vorhanden sind. Ist ein Großelternteil oder sind beide Großeltern bei Eintritt des Erbfalls bereits verstorben, so treten ihre Nachkommen an ihre Stelle. Dies sind die Onkel und Tanten des Erblassers; falls diese verstorben sind, ihre Kinder und Kindeskinder (§ 1926 BGB).

An der Spitze der **4. Erbordnung** stehen die Urgroßeltern des Erblassers. Ist ein Urgroßelternteil oder sind beide Urgroßeltern bei Eintritt des Erbfalls bereits verstorben, so treten ihre Nachkommen an ihre Stelle. Dies sind die Großonkel und Großtanten des Erblassers; falls diese verstorben sind, ihre Kinder und Kindeskinder (§ 1928 BGB).

**Merke**

Fehlt jeglicher Erbe, auch ein testamentarischer, so ist als letzter gesetzlicher Erbe der Staat vorgesehen (§ 1936 BGB). Der Staat ist das Bundesland, in dem der Verstorbene im Todeszeitpunkt lebte. Der Staat kann auch Erbe werden, wenn alle Erben die Erbschaft ausschlagen z. B. bei einem überschuldeten Nachlass.

### 2.3.2 Gesetzliches Erbrecht des Ehegatten bzw. eingetragenen Lebenspartners

Da der Ehegatte mit seinem Partner weder verwandt noch verschwägert ist, musste das Erbrecht ihm eine eigene Rechtsstellung verschaffen. Das gesetzliche Erbrecht des Ehegatten (§§ 1931 ff. BGB) wird zum einen vom Güterstand der Ehegatten und zum anderen von den gesetzlichen Miterben des überlebenden Ehegatten beeinflusst. Der eingetragene Lebenspartner hat gemäß § 10 LPartG ein dem Erbrecht des Ehegatten nachgebildetes Erbrecht.

**Voraussetzungen:**
- Scheidungsvoraussetzungen liegen nicht vor,
- keine Berechtigungen zur Aufhebung der Ehe,
- keine nichtige Ehe.

Wird der Ehegatte gesetzlicher Erbe, so bestimmt sich sein Erbteil zunächst nach § 1931 Abs. 1 BGB. Es gilt der Grundsatz, dass der Erbteil des Ehegattens umso größer wird, je entfernter die mit ihm zusammentreffenden Verwandten sind. Im Einzelnen gilt:
- Neben Erben der 1. Ordnung erbt der Ehegatte zu 1/4,
- neben Erben der 2. Ordnung erbt der Ehegatte zu 1/2,
- neben Erben der 3. Ordnung erbt der Ehegatte grundsätzlich zu 1/2; repräsentiert ein Großelternpaar die Linie nicht mehr selbst, sondern nur deren Abkömmlinge, so geht dieser Teil ebenfalls auf den Ehegatten über.

**Merke**

Folgerichtig ordnet § 1931 Abs. 2 BGB an, dass der Ehegatte mangels Erben der 1. und 2. Ordnung sowie mangels Großeltern des Erblassers als gesetzlicher Alleinerbe berufen ist.

Der Ehegattenerbteil ist weiterhin vom ehelichen Güterstand abhängig:

- Gesetzlicher Güterstand der **Zugewinngemeinschaft**:
  Der Erbteil erhöht sich hierbei um 1/4 (§§ 1931 Abs. 3, 1371 BGB).
- Güterstand der **Gütertrennung**:
  Der überlebende Ehegatte erbt neben ein oder zwei Kindern jeweils zu gleichen Teilen (§ 1931 Abs. 4 BGB).
- Güterstand der **Gütergemeinschaft**:
  Der überlebende Ehegatte erbt nach den allgemeinen Vorschriften grundsätzlich 1/4 (§ 1931 Abs. 1 BGB).

## 2.4 Gewillkürte Erbfolge

**Auf den Punkt gebracht**

Die gewillkürte Erbfolge kommt in Betracht, wenn der Erblasser z. B. ein wirksames Testament mit Bestimmung der Erben hinterlassen hat. Diese hat Vorrang vor der gesetzlichen Erbfolge. Ein Testament kann privatschriftlich oder notariell errichtet werden. Durch ein Testament können Erben eingesetzt und gesetzliche Erben enterbt werden. Ihnen steht dann noch das Pflichtteilsrecht zu. Ein Erbe kann die Erbschaft auch innerhalb von sechs Wochen nach dem Tod des Erblassers – z. B. bei Überschuldung des Nachlasses – ausschlagen.

Die gesetzliche Erbfolge tritt nur ein, wenn der Erblasser keine Verfügung von Todes wegen hinterlässt. Für die Bestimmung der Erbfolge ist also immer zunächst zu prüfen, ob eine wirksame Verfügung von Todes wegen vorliegt. Falls eine solche vorliegt, dann hat die gewillkürte Erbfolge Vorrang vor der gesetzlichen Erbfolge.

**Verfügungen von Todes wegen:**

- Testament (§ 1937 BGB),
- Erbvertrag (§ 1941 BGB).

### 2.4.1 Testament

Das Testament kann nur persönlich errichtet werden (§ 2064 BGB). Es kann zur Niederschrift bei einem Notar bzw. privat eigenhändig geschrieben sein.

Erforderlich ist die Testierfähigkeit, d. h. die Vollendung des 16. Lebensjahres (§ 2229 BGB). Für ein eigenhändiges Testament muss ein Testierender volljährig, d. h. 18 Jahre alt, sein.

#### 2.4.1.1 Formen des Testaments

a) Privates, eigenhändiges Testament (§ 2247 BGB):
   - eigenhändig geschriebene Erklärung (maschinelle Erklärung unwirksam),
   - eigenhändige Unterschrift,
   - grundsätzlich Datum der Erstellung der Erklärung erforderlich; ein Fehlen macht das Testament jedoch nicht nichtig.

b) Öffentliches, notarielles Testament (§§ 2231 ff. BGB):
   - Erklärung des letzten Willens gegenüber dem Notar,
   - Übergabe einer offenen oder verschlossenen Schrift mit der Erklärung, diese erhalte seinen letzten Willen.

c) Nottestament:
   - z. B. Bürgermeistertestament (§ 2249 BGB) oder
   - Dreizeugentestament (§ 2250 BGB).

Allen Nottestamenten ist gemeinsam, dass sie drei Monate nach der Errichtung enden, wenn der Erblasser zu diesem Zeitpunkt noch lebt (§ 2252 BGB).

#### 2.4.1.2 Widerruf des Testaments

Der Erblasser kann ein Testament jederzeit widerrufen (§ 2253 BGB). Er hat dabei folgende Möglichkeiten:

- Widerrufstestament (§ 2254 BGB),
- spätere, widersprüchliche Verfügung (§ 2258 BGB),
- Vernichtung oder Veränderung (§ 2255 BGB),
- Rücknahme von notariellen Testamenten aus amtlicher Verwahrung (§ 2256 BGB); dies gilt nicht für eigenhändige Testamente, die in amtliche Verwahrung beim Amtsgericht gegeben wurden.

#### 2.4.1.3 Gemeinschaftliches Testament

Nur Ehegatten bzw. eingetragene Lebenspartner können ein gemeinschaftliches Testament errichten (§§ 2265 ff. BGB, § 10 Abs. 4 LPartG). Es ist in allen Testamentsformen zulässig. Das gemeinschaftliche Testament ist eine von zwei Personen in einer Urkunde zusammengefasste jeweils einseitige Verfügung von Todes wegen.

Das gemeinschaftliche Testament verliert automatisch seine Gültigkeit durch Scheidung der Ehe (§ 2268 Abs. 1 BGB).

Hauptfall des gemeinschaftlichen Testaments ist das sog. Berliner Testament (§ 2269 BGB). In ihm wird bestimmt, dass sich die Ehegatten zunächst gegenseitig als (Allein-)Erben einsetzen, dann aber zusätzlich bestimmen, dass der Nachlass nach dem Tode des zuletzt Versterbenden an einen Dritten (meist die Kinder) als Erben fallen soll.

**Merke**

Die Errichtung eines gemeinschaftlichen Testaments von unverheirateten Paaren ist regelmäßig unwirksam. Diese müssten entweder zwei Einzeltestamente errichten oder einen notariellen Erbvertrag schließen.

### 2.4.2 Erbvertrag

Der Erbvertrag (§§ 2274 ff. BGB) ist eine Verfügung von Todes wegen in Vertragsform mit Bindungswirkungen. Es handelt sich um ein zweiseitiges Rechtsgeschäft. Der Rücktritt ist nur unter strengen Voraussetzungen möglich (§§ 2290 ff. BGB). Der Erbvertrag kann nur widerrufen werden, wenn alle Beteiligte zustimmen. Das unterscheidet ihn vom Testament. Im Unterschied zum gemeinschaftlichen Testament steht der Erbvertrag allen Personen, auch mehreren, offen.

Der Erblasser ist jedoch nicht gehindert, noch zu Lebzeiten über sein Vermögen zu verfügen, z. B. durch Schenkung (§ 2286 BGB).

**Merke**

Der Erbvertrag ist nur zur Niederschrift bei einem Notar möglich (§ 2276 BGB); ein eigenhändiger Erbvertrag wäre unwirksam.

### 2.4.3 Inhalte der Verfügungen von Todes wegen

#### 2.4.3.1 Erbeinsetzung und Annahme der Erbschaft

Der Erblasser kann durch einseitige Verfügung von Todes wegen den Erben bestimmen (§ 1937 BGB). Es ist auch möglich, mehrere Personen nur zu einem Bruchteil einzusetzen. Hat der Erblasser sein Vermögen oder einen Bruchteil seines Vermögens dem Bedachten zugewendet, so ist die Verfügung als Erbeinsetzung anzusehen, auch wenn der Bedachte nicht als Erbe bezeichnet ist (§ 2087 Abs. 1 BGB). Er kann seine Erbeinsetzung auch auf einen Teil des Nachlasses beschränken (Testierfreiheit).

**Beispiel**

»Testament: Meine liebe Erna bekommt alles. Hans«

Hier ist Erna als Alleinerbin von Hans eingesetzt.

Das Verstreichenlassen der Ausschlagungsfrist gilt als Annahme der Erbschaft (§ 1943 BGB).

#### 2.4.3.2 Vermächtnis

Der Erblasser kann in einem Testament oder in einem Erbvertrag bestimmen, dass jemandem aus dem Nachlass ein Vermögensvorteil zugewendet wird, ohne dass dieser Erbe wird (Vermächtnis, § 1939 BGB). Es besteht auch die Möglichkeit, dem Erben neben dessen Erbteil ein sog. Vorausvermächtnis (§ 2150 BGB) zuzuwenden, was nicht auf seinen Erbteil angerechnet wird.

> **Beispiel**
>
> »Testament: Meine liebe Erna bekommt alles. Heinz soll die Briefmarkensammlung erben. Hans«
>
> Hier ist Erna als Alleinerbin eingesetzt. Heinz wurde die Briefmarkensammlung durch Vermächtnis zugewendet.

In solchen Fällen hat der Bedachte einen schuldrechtlichen Anspruch gegen den Erben, den zugewendeten Gegenstand zu fordern (§ 2174 BGB).

> **Merke**
>
> Der Vermächtnisnehmer hat das Recht, das Vermächtnis auszuschlagen (§ 2176 BGB). Das Vermächtnis wird daher endgültig durch eine ausdrückliche Annahmeerklärung erworben (§ 2180 BGB). Dies erfolgt gegenüber dem Beschwerten. Eine Annahme- oder Ausschlagungsfrist besteht jedoch nicht.

### 2.4.4 Annahme und Ausschlagung der Erbschaft

Die Erbschaft geht auf den oder die berufenen Erben im Wege der Gesamtrechtsnachfolge über (§ 1922 BGB). Jeder Erbe kann das durch Ausschlagung der Erbschaft verhindern. Dies ist beispielsweise bei Überschuldung des Nachlasses erforderlich.

> **Merke**
>
> Die Ausschlagung der Erbschaft kann grundsätzlich nur binnen sechs Wochen nach Kenntniserlangung des Erben erfolgen (§ 1944 BGB).

Die Ausschlagung erfolgt gegenüber dem Nachlassgericht zur Niederschrift oder in öffentlich beglaubigter Form (§ 1945 BGB). Die Erbschaft darf nicht angenommen worden sein (§ 1943 BGB).

Wird die Erbschaft ausgeschlagen, so gilt der Anfall an den Ausschlagenden als nicht erfolgt. Die Erbschaft fällt dann rückwirkend demjenigen zu, welcher berufen sein würde, wenn der Ausschlagende zur Zeit des Erbfalls nicht gelebt hätte (§ 1953 BGB).

### 2.4.5 Pflichtteilsrecht

Das Pflichtteilsrecht sichert gewissen gesetzlichen Erben des Erblassers eine Mindestbeteiligung am Nachlass zu.

**Pflichtteilsberechtigte sind** (§ 2303 BGB, § 10 Abs. 6 LPartG):
- Ehegatten,
- Lebenspartner einer eingetragenen Lebenspartnerschaft,
- Abkömmlinge,
- Eltern.

Voraussetzung ist, dass die Pflichtteilsberechtigten durch Verfügung von Todes wegen von der Erbfolge ganz oder teilweise ausgeschlossen (»enterbt«) wurden (§ 2303 BGB). Dies ist nicht erfüllt, wenn
- die Erbschaft ausgeschlagen wurde,
- Erb- oder Pflichtteilsunwürdigkeit vorliegt,
- der Pflichtteilsberechtigte verzichtet hat,
- der Pflichtteil wirksam entzogen wurde.

Nicht pflichtteilsberechtigt sind die Eltern, wenn Abkömmlinge des Erblassers das ihnen Hinterlassene annehmen oder den Pflichtteil geltend machen; dasselbe gilt für entferntere Abkömmlinge, wenn in ihrem Stamm ein näherer Abkömmling das ihm Hinterlassene annimmt oder den Pflichtteil geltend macht (§ 2309 BGB).

Die Höhe des Pflichtteils beträgt die Hälfte des gesetzlichen Erbteils (§ 2303 Abs. 1 BGB). Der Pflichtteilsanspruch ist ein Geldanspruch.

**Merke**

Der Pflichtteil entsteht mit dem Erbfall (§ 2317 BGB). Der Pflichtteilsanspruch verjährt in drei Jahren ab Kenntnis des Berechtigten vom Eintritt des Erbfalls (§ 195 BGB).

### 2.4.6 Erbengemeinschaft

Mit dem Tod des Erblassers geht dessen Vermögen als Ganzes auf einen oder mehrere Erben über (§ 1922 Abs. 1 BGB). Bei mehreren Erben wird jeder Miterbe automatisch Mitglied der Erbengemeinschaft. Die Erbengemeinschaft ist eine Gesamthandsgemeinschaft (§ 2032 BGB). Jedem Miterben steht ein Erbteil zu. Kein Miterbe kann vor einer Auseinandersetzung über einen einzelnen Nachlassgegenstand verfügen.

### 2.4.7 Erbschein

Der Erbschein gibt Auskunft darüber, wer Erbe geworden ist und zu welcher Quote er Erbe geworden ist (§ 2353 BGB). Er wird auf Antrag des bzw. der Erben durch das Nachlassgericht erteilt.

**Merke**

Ein Erbschein wird in der Praxis häufig benötigt, um bei vorhandenem Grundbesitz eine Berichtigung des Grundbuchs herbeizuführen oder damit die Erben sich die Guthaben des Erblassers bei den Banken auszahlen lassen können.

# 3 Erbschaftsteuerliche Regelungen

## 3.1 Allgemeines

Die Rechtsgrundlagen der Erbschaft- und Schenkungsteuer finden sich

- im Erbschaftsteuergesetz (ErbStG),
- in der Erbschaftsteuer-Durchführungsverordnung (ErbStDV),
- im Bewertungsgesetz (BewG),
- in den Erbschaftsteuer-Richtlinien 2019 (ErbStR) und den Hinweisen zu den ErbStR 2019 (ErbStH),
- im Bürgerlichen Gesetzbuch (BGB).

Die ergänzenden Regelungen des § 1 Abs. 2 ErbStG zur Schenkungsteuer sind zur Vermeidung von Steuerumgehungen in das ErbStG aufgenommen worden. Welche Regelungen des ErbStG nicht auf Schenkungen anwendbar sind, lässt sich R E 1.1 Satz 3 ErbStR entnehmen.

Das ErbStG ist in fünf Abschnitte eingeteilt:

| Abschnitt: | Regelungen: |
|---|---|
| 1. Abschnitt: | Steuerpflicht von §§ 1–9 |
| 2. Abschnitt: | Wertermittlung von §§ 10–13d |
| 3. Abschnitt: | Berechnung der Steuer von §§ 14–19a |
| 4. Abschnitt: | Steuerfestsetzung und Erhebung von §§ 20–35 |
| 5. Abschnitt: | Ermächtigungs-/Schlussvorschriften von §§ 36–37a |

**Tab. 4:** Abschnitte ErbStG

## 3.2 Systematik des Erbschaftsteuergesetzes

**Prüfungsschema zur Ermittlung der Erbschaftsteuer:**

Ist die festzusetzende Erbschaftsteuer zu ermitteln, ist grundsätzlich in folgender Reihenfolge zu prüfen:

a) Handelt es sich um einen der Erbschaftsteuer unterliegenden Vorgang (**sachliche Steuerpflicht**, §§ 1, 3 ErbStG)?
b) Liegt eine unbeschränkte oder beschränkte Steuerpflicht vor (**persönliche Steuerpflicht**, § 2 ErbStG)?
c) **Entstehung der Steuer** (§ 9 Abs. 1 Nr. 1 ErbStG)
d) **Stichtag der Wertermittlung** (§ 11 ErbStG)
e) **Wertermittlung**

Ausgangspunkt hierfür ist § 10 ErbStG, der die Ermittlung des steuerpflichtigen Erwerbs regelt. Der steuerpflichtige Erwerb ist grundsätzlich wie folgt zu ermitteln (vgl. Prüfungsschema in R E 10.1 ErbStR):

| | |
|---|---|
| 1. | Steuerwert des Wirtschaftsteils des LuF-Vermögens |
| + | Steuerwert des Betriebsvermögens |
| + | Steuerwert der Anteile an Kapitalgesellschaften |
| | Zwischensumme |
| ./. | Befreiungen nach §§ 13a, 13c ErbStG |
| ./. | Befreiungen nach § 13 Abs. 1 Nr. 2 und 3 ErbStG |
| ./. | Befreiung nach § 13d ErbStG |
| + | Steuerwert des Wohnteils und der Betriebswohnungen des LuF-Vermögens |
| ./. | Befreiungen nach § 13 Abs. 1 Nr. 2, 3, 4b und 4c ErbStG |
| ./. | Befreiung nach § 13d ErbStG |
| + | Steuerwert des Grundvermögens |
| ./. | Befreiungen nach § 13 Abs. 1 Nr. 2, 3, 4b und 4c ErbStG |
| ./. | Befreiung nach § 13d ErbStG |
| + | Steuerwert des übrigen Vermögens |
| ./. | Befreiungen nach § 13 Abs. 1 Nr. 1 und 2 ErbStG |
| = | **Vermögensanfall nach Steuerwerten** |

| | |
|---|---|
| 2. | Steuerwert der Nachlassverbindlichkeiten, soweit nicht vom Abzug ausgeschlossen, mindestens Pauschbetrag für Erbfallkosten |
| = | **abzugsfähige Nachlassverbindlichkeiten** |

| | |
|---|---|
| 3. | Vermögensanfall nach Steuerwerten (1.) |
| ./. | abzugsfähige Nachlassverbindlichkeiten (2.) |
| ./. | weitere Befreiungen nach § 13 ErbStG |
| = | **Bereicherung des Erwerbers** |

| | |
|---|---|
| 4. | Bereicherung des Erwerbers (3.) |
| ./. | ggf. steuerfreier Zugewinnausgleich § 5 Abs. 1 ErbStG |
| + | ggf. hinzuzurechnende Vorerwerbe § 14 ErbStG |
| ./. | persönlicher Freibetrag § 16 ErbStG |
| ./. | besonderer Versorgungsfreibetrag § 17 ErbStG |
| = | **steuerpflichtiger Erwerb** (abzurunden auf volle hundert €) |

f) **Festzusetzende Erbschaftsteuer**

Die festzusetzende Erbschaftsteuer ist wie folgt zu ermitteln:

| | |
|---|---|
| 1. | Tarifliche Erbschaftsteuer nach § 19 ErbStG |
| ./. | abzugsfähige Steuer nach § 14 Abs. 1 ErbStG |
| ./. | Entlastungsbetrag nach § 19a ErbStG |
| = | Summe 1 |
| 2. ./. | Ermäßigung nach § 27 ErbStG |
| ./. | anrechenbare Steuer nach § 6 Abs. 3 ErbStG |
| = | Summe 2 |
| 3. ./. | anrechenbare Steuer nach § 21 ErbStG |
| = | Summe 3 |
| | mindestens Steuer nach § 14 Abs. 1 Satz 4 ErbStG; höchstens nach § 14 Abs. 3 ErbStG begrenzte Steuer (Hälfte des Werts des weiteren Erwerbs) |
| = | **Festzusetzende Erbschaftsteuer** |

## 3.3 Steuerpflichtige Vorgänge

**Auf den Punkt gebracht**

Die Hauptanwendungsfälle der steuerpflichtigen Vorgänge sind Erwerbe von Todes wegen und Schenkungen unter Lebenden. Zweckzuwendungen und die Ersatzerbschaftsteuer bei Familienstiftungen spielen in der Praxis nur eine sehr geringe Rolle.

Der Erbschaftsteuer bzw. der Schenkungsteuer unterliegen (§ 1 ErbStG):

- Erwerbe von Todes wegen,
- Schenkungen unter Lebenden,
- Zweckzuwendungen,
- Besteuerung des Vermögens von Familienstiftungen alle 30 Jahre mit der sog. Ersatzerbschaftsteuer.

### 3.3.1 Erwerbe von Todes wegen

**Auf den Punkt gebracht**

Erwerbe von Todes wegen sind beispielsweise Erwerbe von Alleinerben oder Erbengemeinschaften, die sämtliche Nachlassgegenstände und Schulden des Erblassers erben. Daneben können einzelne Vermögensgegenstände durch Vermächtnis übergehen, wenn dieses in einem Testament angeordnet wurde. Bei einer Enterbung hat z. B. ein Ehegatte oder ein Kind die Möglichkeit, den Pflichtteil zu verlangen, der der Hälfte des gesetzlichen Erbteils entspricht.

### 3.3.1.1 Überblick

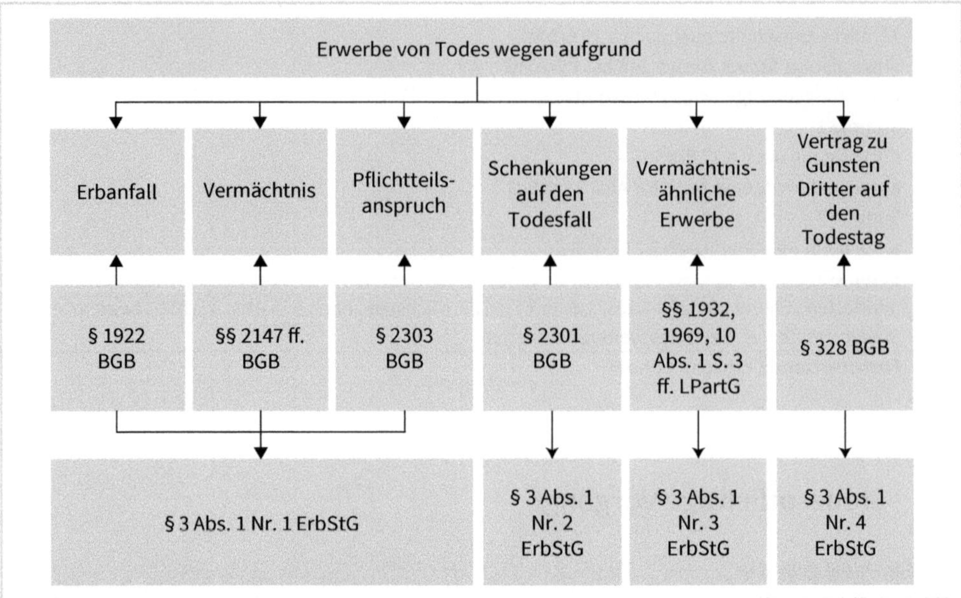


**Abb. 5:** Übersicht Erwerbe von Todes wegen (Quelle: Neufang Akademie, Calw)

### 3.3.1.2 Erwerb durch Erbanfall

Mit dem Tod einer Person (Erbfall) geht das Vermögen (Erbschaft) als Ganzes auf eine oder mehrere Personen (Erben) über (Erwerb durch Erbanfall, § 3 Abs. 1 Nr. 1 ErbStG). Die Gesamtrechtsnachfolge tritt infolge der gesetzlichen, gewillkürten oder erbvertraglichen Erbfolge ein und der Erbe tritt in die Rechte und Pflichten des Erblassers ein.

**Beispiel**

Die Söhne C und D sind Miterben zu je 50 % des Witwers W. Der ungeteilte Nachlass beträgt 1 Mio. € Sparguthaben.

**Lösung**

Jedem Erben wird jeweils 500.000 € als Erwerb zugerechnet.

### 3.3.1.3 Erwerb durch Vermächtnis

Als Erwerb von Todes wegen gilt auch der Erwerb durch Vermächtnis. Ein Vermächtnis liegt immer dann vor, wenn der Erblasser durch Testament einem Begünstigten einen Vermögensvorteil (z. B. Bankkonto, Grundstück) zuwendet, ohne diesen als Erben einzusetzen (§ 3 Abs. 1 Nr. 1 ErbStG).

Der Vermächtnisnehmer hat einen schuldrechtlichen Anspruch auf Erfüllung des Vermächtnisses gegen den Erben. Dem beschwerten Erben wird das Vermächtnis bei der Ermittlung seines Erwerbs zunächst hinzugerechnet, danach aber wieder als Vermächtnisschuld in Abzug gebracht.

**Beispiel**

Erblasser E setzt seine beiden Töchter K und L zu gleichen Teilen als Erbinnen ein. Außerdem verfügt er, dass K seinen Porsche erhalten soll.

**Lösung**
K erwirbt neben ihrem hälftigen Erbteil einen weiteren Nachlassgegenstand als Vorausvermächtnis.

#### 3.3.1.4 Erwerb aufgrund eines geltend gemachten Pflichtteilsanspruchs

Als Erwerb von Todes wegen gilt auch der geltend gemachte Pflichtteilsanspruch (§ 3 Abs. 1 Nr. 1 ErbStG). Pflichtteilsberechtigt sind nach § 2303 BGB nur der Ehegatte, der eingetragene Lebenspartner, die Abkömmlinge und die Eltern des Erblassers.

**Merke**

Der Pflichtteilsanspruch ist ein Geldanspruch, der der Hälfte des Werts des gesetzlichen Erbteils entspricht. Er verjährt nach Ablauf von drei Jahren nach dem Todestag des Erblassers.

Der Erwerb des Pflichtteilsberechtigten kann bei Überschreiten des persönlichen Freibetrags steuerpflichtig werden. Im Gegenzug kann bei dem Erben der Pflichtteilsanspruch nach Geltendmachung als Nachlassverbindlichkeit abgezogen werden.

**Beispiel**

Erblasser E enterbt seinen einzigen, kinderlosen Sohn S und setzt Freund F als Alleinerbe des 1 Mio. € umfassenden Vermögens ein.

**Lösung**
S hat als einziger Abkömmling des E Anspruch auf die Hälfte des Nachlasses (500.000 €). F erwirbt den Nachlass i. H. v. 1 Mio. € abzgl. der Verbindlichkeit aus dem geltend gemachten Pflichtteil i. H. v. 500.000 €.

#### 3.3.1.5 Erwerb aufgrund eines Vertrags zugunsten Dritter

Als Erwerb von Todes wegen gilt auch der Erwerb eines Vermögensvorteils, der aufgrund eines vom Erblasser geschlossenen Vertrags bei dessen Tod von einem Dritten unmittelbar erworben wird (Vertrag zugunsten Dritter, § 3 Abs. 1 Nr. 4 ErbStG, §§ 328, 331 BGB).

Der Erwerb aufgrund eines Vertrags zugunsten eines Dritten erfolgt außerhalb des Nachlasses und unabhängig davon, ob der Dritte Erbe des Erblassers wird.

Die Hauptanwendungsfälle dieser Steuernorm sind fällige bzw. noch nicht fällige Lebens-, Kapital- und Rentenversicherungen sowie Bankguthaben, die mit dem Tod des Versicherungsnehmers bzw. Kontoinhabers auf einen dritten Begünstigten übergehen.

**Beratungshinweise**

1. Als Bezugsberechtigte können daher auch Nichterben (z. B. Enkel) oder fremde Dritte eingesetzt werden.
2. In älteren Lebensversicherungsverträgen sind ggf. noch Bezugsberechtigte benannt, die aktuell nicht mehr bezugsberechtigt sein sollen, z. B. der geschiedene Ehegatte. Daher sollten die im Versicherungsvertrag benannten Bezugsberechtigten regelmäßig überprüft und ggf. abgeändert werden.

Für den Begünstigten besteht die Möglichkeit, das Recht zurückzuweisen (§ 333 BGB). In einem solchen Fall fällt z. B. die Versicherungssumme in den Nachlass und ist gemäß § 3 Abs. 1 Nr. 1 ErbStG als Erwerb des Erben zu behandeln.

### 3.3.2 Erwerbe durch Schenkung unter Lebenden

**Auf den Punkt gebracht**

Hauptanwendungsfälle bei Schenkungen unter Lebenden sind freigebige Zuwendungen ohne Auflagen bzw. Gegenleistungen (z. B. reine Geldschenkungen). Daneben kommen in der Praxis bei Grundstücken oder Unternehmen häufig gemischte Schenkungen mit Gegenleistungen des Erwerbers sowie Schenkungen unter Leistungs- oder Duldungsauflagen (z. B. Wohnrecht, Nießbrauchsrecht) vor.

#### 3.3.2.1 Prüfungsschema zur Ermittlung der Schenkungsteuer

| **Prüfungsschema:** |
|---|
| 1. Welcher **Gegenstand** aus den vier Vermögensarten (LuF-Vermögen, Grundvermögen, Betriebsvermögen, übriges Vermögen) wird verschenkt? |
| 2. **Bewertung** nach § 12 ErbStG und den Vorschriften des BewG |
| 3. Berücksichtigung der sachlichen **Steuerbefreiungen** der §§ 13 ff. ErbStG direkt beim Vermögensgegenstand |
| 4. Abzug von **Gegenleistungen und Auflagen** im Rahmen einer gemischten Schenkung oder Schenkung unter Auflage (ggf. Schuldenkürzung nach § 10 Abs. 6 ErbStG) |
| 5. Abzug von **Erwerbsnebenkosten** (ohne Kürzung) |
| 6. Ergebnis = **Bereicherung** |
| 7. Abzug persönlicher **Freibetrag** gemäß § 16 ErbStG;<br>Abrundung auf volle 100 € |

| **Prüfungsschema:** |
|---|
| 8. Ergebnis = steuerpflichtiger **Erwerb** |
| 9. Anwendung des **Steuersatzes** gemäß § 19 ErbStG auf steuerpflichtigen Erwerb |
| 10. Ergebnis = festzusetzende **Schenkungsteuer** |

**Tab. 5:** Prüfungsschema zur Ermittlung der Schenkungsteuer

#### 3.3.2.2 Definition Schenkung unter Lebenden

Als Grundform der Schenkung unter Lebenden gilt jede freigebige Zuwendung unter Lebenden, soweit der Bedachte durch sie auf Kosten des Zuwendenden bereichert wird (§ 7 Abs. 1 Nr. 1 ErbStG). Voraussetzung ist, dass diese unentgeltlich erfolgt und der Empfänger objektiv auf Kosten des Zuwendenden bereichert ist. Der Zuwendende muss diese Unentgeltlichkeit subjektiv gewollt haben (vgl. R E 7.1 ErbStR).

**Formen der freigebigen Zuwendungen unter Lebenden:**

- reine freigebige Zuwendung (z. B. Geld-/Grundstückschenkung),
- gemischte Schenkung,
- Schenkung unter Auflage,
- Geldschenkung zum Erwerb eines Gegenstandes (mittelbare Schenkung),
- Abfindung für einen Verzicht auf das Erbe oder den Pflichtteil.

#### 3.3.2.3 Reine freigebige Zuwendung

Eine reine freigebige Zuwendung liegt vor, wenn mit der Zuwendung keine Auflagen oder Gegenleistungen verbunden sind.

**Beispiel**

Erbonkel O schenkt seiner Lieblingsnichte N schon zu Lebzeiten 150.000 € in bar zur freien Verfügung.

**Lösung**

Es liegt eine reine, freigebige Zuwendung vor.

**Beratungshinweis**

Eine sog. Kettenschenkung kann zur Schenkungsteuerersparnis genutzt werden. Falls ein Ehegatte z. B. Alleineigentümer eines Grundstücks (Wert: 500.000 €) ist und er dieses ohne Gegenleistungen bzw. Auflagen an sein einziges Kind (Freibetrag: 400.000 €) überträgt, würden 100.000 € der Schenkungsteuer unterliegen. Schenkt dagegen der Alleineigentümer zunächst die Hälfte des Grundstücks an seinen Ehegatten und schenken beide im Anschluss ihre jeweilige Hälfte an das Kind, liegt eine sog. Kettenschenkung vor. Die Zuwendungen zwischen den Ehegatten und an das Kind liegen dann unter den persönlichen Freibeträgen. Voraussetzung für die Anerkennung einer Kettenschenkung ist, dass der Zwischenerwerber nicht verpflichtet ist, das Grundstück weitergeben zu müssen, sondern einen eigenen Entscheidungsspielraum für die Weiterschenkung hat. Beide Zuwendungen können in einer notariellen Urkunde erfolgen.

#### 3.3.2.4 Gemischte Schenkung

Eine gemischte Schenkung liegt vor, wenn ein Teil eines Gegenstands oder eines sonstigen Vermögensrechts entgeltlich und ein weiterer Teil unentgeltlich übertragen wird. Gegenleistungen zu einer Schenkung können z. B. übernommene Schulden sowie Geldzahlungen sein.

Steuerlich ist bei einer gemischten Schenkung nur der unentgeltliche Teil zu erfassen. Als bürgerlich-rechtliche Bereicherung gilt hierbei der Unterschied zwischen dem Verkehrswert der Leistung des Schenkers und dem Verkehrswert der Gegenleistung des Beschenkten.

**Beispiel**

A schenkt seiner Tochter T ein Hausgrundstück im Wert von 800.000 €. Darauf lasten noch 200.000 € Darlehensschulden, die T übernimmt.

**Lösung**
Hier liegt eine gemischte Schenkung vor. In Höhe der Differenz zwischen dem gemeinen Wert des Hauses und der Gegenleistung (Bereicherung: 600.000 €) ist ein unentgeltliches Rechtsgeschäft anzunehmen, das die T der Schenkungsteuer zu unterwerfen hat.

#### 3.3.2.5 Schenkung unter Auflage

Eine Schenkung unter Auflage (§ 525 BGB) ist gegeben, wenn der Beschenkte vom Schenker verpflichtet wird, bestimmte Leistungen an den Schenker bzw. an Dritte zu erbringen oder bestimmte Einschränkungen zu dulden.

Bei Schenkungen unter einer Auflage kommen insbesondere folgende Fälle in Betracht:

- Im Zusammenhang mit einer Grundstücksschenkung kann eine **Pflegeverpflichtung** zugunsten des Schenkers vereinbart werden. Ein Abzug ist jedoch nur möglich, wenn die Pflegeverpflichtung bereits zum Schenkungsstichtag besteht.
- Eine **Leistungsauflage** liegt vor, wenn der Beschenkte zu einer Leistung verpflichtet wird, die sich außerhalb des geschenkten Gegenstandes bewegt, z. B. laufende Rentenzahlungen an den Schenker.
- Eine **Nutzungs- bzw. Duldungsauflage** liegt vor, wenn der Beschenkte die Früchte einer Sache, eines Rechts oder die Vorteile, die der Gebrauch einer Sache gewährt, weiterhin dem Schenker oder einem vom Schenker bestimmten Dritten überlassen muss, z. B. Nießbrauchs-/Wohnrechtsgewährung.

Als bürgerlich-rechtliche **Bereicherung** gilt hierbei der Unterschied zwischen dem Verkehrswert des zugewendeten Vermögens und dem Verkehrswert der vom Beschenkten übernommenen Auflagen.

**Beispiele**

1. Vater V überträgt ein bebautes Grundstück im Wert von 400.000 € an Sohn S mit der Auflage, der Tochter T eine Ausgleichszahlung i. H. v. 200.000 € zukommen zu lassen.

   **Lösung**
   Hier liegt eine Schenkung des Grundstücks i. H. v. 400.000 € von V an S unter Leistungsauflage i. H. v. 200.000 € vor (Bereicherung S: 200.000 €); gleichzeitig liegt eine Schenkung des V an T i. H. v. 200.000 € vor.

2. Mutter M überträgt ein bebautes Grundstück im Wert von 500.000 € an die Tochter T mit der Auflage, der M einen lebenslangen Nießbrauch (Kapitalwert: 90.000 €) zu gewähren.

   **Lösung**
   Hier liegt eine Schenkung des Grundstücks i. H. v. 500.000 € unter Auflage i. H. v. 90.000 € vor (Bereicherung T: 410.000 €).

#### 3.3.2.6 Mittelbare Schenkung

Eine mittelbare Schenkung liegt vor, wenn die Zuwendung mit der Abrede verbunden wird, dass der hingegebene Vermögensgegenstand zum Erwerb oder zur Herstellung eines anderen Gegenstandes verwendet werden soll, der damit das eigentliche Zuwendungsobjekt darstellt.

**Beratungshinweis**

In der Hingabe von Geld zum Erwerb eines Grundstücks kann eine mittelbare Grundstückschenkung gesehen werden. Das erworbene Grundstück kann hierbei grundsätzlich mit seinem Grundbesitzwert angesetzt werden. Dies kann für den Steuerpflichtigen günstiger sein, da der steuerliche Grundbesitzwert insbesondere in städtischen Lagen unter dem zu zahlenden Geldbetrag liegen kann.

#### 3.3.2.7 Abfindung für einen Erb- bzw. Pflichtteilsverzicht

Als Schenkung unter Lebenden gilt auch, was einem gesetzlichen oder testamentarischen Erben bei Verzicht auf sein Erbrecht als Abfindung gewährt wird (Abfindung für Erbverzicht, § 7 Abs. 1 Nr. 5 ErbStG). Dies gilt ebenso beim Verzicht auf sein Pflichtteilsrecht. Der Verzicht bedarf der notariellen Form (§ 2348 BGB) und ist als freigebige Zuwendung zu werten. Die Abfindung kann z. B. durch eine Geldzahlung oder durch eine Grundstückszuwendung geleistet werden.

### 3.3.3 Zweckzuwendungen

Eine Zweckzuwendung (§ 8 ErbStG) bildet einen eigenständigen steuerpflichtigen Tatbestand nach § 1 Abs. 1 Nr. 3 ErbStG. Zweckzuwendungen sind Zuwendungen von Todes wegen oder freigebige

Zuwendungen unter Lebenden, die mit der Auflage verbunden sind, zugunsten eines bestimmten Zwecks verwendet zu werden, soweit hierdurch die Bereicherung des Erwerbers gemindert wird.

Die Zweckzuwendung setzt voraus, dass sie einem unpersönlichen Zweck (z. B. der Pflege eines Tieres, der Errichtung eines Denkmals) oder einem unbestimmten Personenkreis (z. B. Bedürftige einer Gemeinde, Schüler eines Gymnasiums) zugutekommt.

**Merke**

Steuerschuldner ist hierbei der mit der Ausführung der Zuwendung Beschwerte, obwohl er als Mittelsperson gar nicht bereichert ist. Er ist als Vertreter des Zweckvermögens Steuerschuldner und deshalb berechtigt, die Steuer aus dem für die Zweckzuwendung vorgesehenen Vermögen zu entnehmen. Zweckzuwendungen kommen in der Praxis jedoch sehr selten vor.

### 3.3.4 Ersatzerbschaftsteuer bei Familienstiftungen

Das Vermögen einer inländischen Familienstiftung (§ 1 Abs. 1 Nr. 4 ErbStG) unterliegt in Zeitabständen von je 30 Jahren der Ersatzerbschaftsteuer (vgl. R E 1.2 ErbStR). Hierbei wird alle 30 Jahre eine Vermögensnachfolge fingiert. Zum Vermögen einer Familienstiftung können beispielsweise Unternehmens-, Grund- oder Geldvermögen gehören.

Die Steuerpflicht setzt voraus, dass die Stiftung an dem für sie maßgebenden Besteuerungszeitpunkt die Voraussetzungen für eine Familienstiftung erfüllt. Diese ist gegeben, wenn nach ihrer Satzung der Stifter, seine Angehörigen und deren Abkömmlinge zu mehr als der Hälfte bezugs- oder anfallsberechtigt sind oder wenn diese zu mehr als einem Viertel bezugs- oder anfallsberechtigt sind und zusätzliche Merkmale ein »wesentliches Familieninteresse« (wesentlicher Einfluss auf die Geschäftsführung der Stiftung) belegen.

**Merke**

1. Bei der Besteuerung des Vermögens einer Familienstiftung gelten Besonderheiten bei der Steuerklasse und beim persönlichen Freibetrag.
2. Bei der **Errichtung** einer Familienstiftung (Erwerb nach § 7 Abs. 1 Nr. 8 ErbStG) richtet sich die Steuerklasse nach dem Verwandtschaftsverhältnis des nach der Stiftungsurkunde entferntest Berechtigten zu dem Erblasser oder Schenker (§ 15 Abs. 2 Satz 1 ErbStG), auch wenn dieser im Zeitpunkt der Errichtung der Familienstiftung noch nicht unmittelbar bezugsberechtigt ist, sondern es erst in der Generationenfolge wird. Die geltende Steuerklasse ist auch für den anzuwendenden Freibetrag nach § 16 ErbStG maßgebend.
3. Bei der **Festsetzung der Ersatzerbschaftsteuer** 30 Jahre nach der Errichtung der Familienstiftung wird der doppelte Freibetrag nach § 16 Abs. 1 Nr. 2 ErbStG (Kind: 400.000 €) gewährt. Die Steuer ist nach dem Prozentsatz der Steuerklasse I zu berechnen, der für die Hälfte des steuerpflichtigen Vermögens gelten würde (§ 15 Abs. 2 Satz 3 ErbStG).

## 3.4 Persönliche Steuerpflicht

Die Hauptanwendungsfälle der persönlichen Steuerpflicht (§ 2 ErbStG) sind die unbeschränkte und die beschränkte Steuerpflicht, die zum Todestag oder Schenkungstag zu prüfen sind.

| Unbeschränkte Steuerpflicht | Beschränkte Steuerpflicht |
|---|---|
| Erblasser bzw. Schenker **oder** Erwerber mit Wohnsitz oder gewöhnlichem Aufenthalt im Inland (Deutschland), unabhängig von der Staatsangehörigkeit | • Erblasser bzw. Schenker **und** Erwerber (deutsche Staatsangehörige) haben seit mehr als fünf Jahren keinen Wohnsitz oder gewöhnlichen Aufenthalt im Inland<br>• Erblasser bzw. Schenker **und** Erwerber (keine deutschen Staatsangehörige) haben keinen Wohnsitz oder gewöhnlichen Aufenthalt im Inland |
| Besteuerung gesamter Vermögensanfall des Erwerbers | Besteuerung bestimmter Vermögensgegenstände und Nutzungsrechte lt. § 121 BewG |
| § 2 Abs. 1 Nr. 1 ErbStG | § 2 Abs. 1 Nr. 3 ErbStG |

**Tab. 6:** Überblick unbeschränkte und beschränkte Steuerpflicht

### 3.4.1 Unbeschränkte Steuerpflicht

**Auf den Punkt gebracht**

Eine unbeschränkte Steuerpflicht mit der Folge der Besteuerung des gesamten Weltvermögens des Erblassers besteht dann, wenn entweder der Erblasser oder der Erbe in Deutschland wohnhaft ist. Auf die Staatsangehörigkeit der Beteiligten kommt es nicht an. Bei Wegzug eines deutschen Staatsangehörigen ins Ausland entfällt erst fünf Jahre nach dem Wegzug die unbeschränkte Steuerpflicht.

Die unbeschränkte Steuerpflicht (§ 2 Abs. 1 Nr. 1 ErbStG) tritt ein, wenn entweder

- der Erblasser zum Todeszeitpunkt bzw. der Schenker zum Ausführungszeitpunkt **oder**
- der Erwerber zum Zeitpunkt der Steuerentstehung
- ein Inländer ist.

Inländer ist, wer

- im Inland einen Wohnsitz oder einen gewöhnlichen Aufenthalt (§§ 8, 9 AO) hat (unabhängig von der Staatsangehörigkeit);
- sich als deutscher Staatsangehöriger weniger als fünf Jahre dauernd im Ausland aufgehalten hat (bei Wegzug in die USA gilt eine Frist von zehn Jahren);
- unabhängig von der Fünfjahresfrist als deutscher Staatsangehöriger im Dienstverhältnis zu einer inländischen juristischen Person des öffentlichen Rechts (z. B. Botschaft, Konsulat) steht und dessen Angehörige.

Die unbeschränkte Steuerpflicht erstreckt sich grundsätzlich auf das gesamte, auch im Ausland befindliche, Vermögen des Erblassers (Weltvermögensprinzip). Einschränkungen sind durch vereinbarte Doppelbesteuerungsabkommen möglich. Sie gehen als völkerrechtliche Verträge den innerstaatlichen gesetzlichen Regelungen vor.

**Merke**

Erbschaftsteuer-Doppelbesteuerungsabkommen sind nur mit folgenden Staaten erfolgt: Dänemark, Frankreich, Griechenland, Schweden, Schweiz und USA.

**Beispiele**

1. E ist Alleinerbe seiner verstorbenen verwitweten Mutter M. Beide leben in Stuttgart und sind kroatische Staatsangehörige.

   **Lösung**
   M und E haben einen inländischen Wohnsitz. Es liegt ein Fall mit unbeschränkter Steuerpflicht vor. Auf die Staatsangehörigkeit kommt es nicht an.

2. Der Erblasser ist ein chinesischer Unternehmer, der im Inland weder Wohnsitz noch gewöhnlichen Aufenthalt hatte. Alleinerbe ist sein Sohn, der in Heidelberg studiert und dort wohnhaft ist.

   **Lösung**
   Es besteht wegen des inländischen Wohnsitzes des Sohnes eine unbeschränkte Steuerpflicht.

### 3.4.2 Beschränkte Steuerpflicht

**Auf den Punkt gebracht**

Die beschränkte Steuerpflicht besteht dann, wenn weder der Erblasser bzw. der Schenker noch der Erwerber als Inländer anzusehen sind. Besteuert wird dann nur das in § 121 BewG erwähnte Inlandsvermögen (ausgewähltes Vermögen in Deutschland) bzw. ein Anspruch darauf (z. B. ein Vermächtnis). Eine Besteuerung des Auslandsvermögens in Deutschland kann hierbei nicht erfolgen.

Die beschränkte Steuerpflicht (§ 2 Abs. 1 Nr. 3 ErbStG) kommt immer dann in Frage, wenn kein Steuersubjekt unbeschränkt steuerpflichtig ist, d. h., wenn weder der Erblasser bzw. der Schenker noch der Erwerber Inländer sind. Die beschränkte Steuerpflicht beschränkt sich auf den Vermögensanfall, der aus Inlandsvermögen gemäß § 121 BewG besteht.

Die wichtigsten von § 121 BewG erfassten Vermögen sind:
- inländisches LuF-Vermögen,
- inländisches Grundvermögen,
- inländisches Betriebsvermögen,
- Anteile an inländischen Kapitalgesellschaften ≥ 10 % des Grund- oder Stammkapitals.

**Merke**

Die Aufzählung des § 121 BewG ist abschließend. Nicht genannte Gegenstände sind bei der beschränkten Steuerpflicht nicht zu versteuern (z. B. inländische Bankguthaben, inländische Forderungen).

## 3.5 Entstehung der Steuer/Bewertungsstichtag

**Auf den Punkt gebracht**

Die Erbschaftsteuer ist eine Stichtagssteuer. Der Stichtag ist beispielsweise von Bedeutung, welche Rechtslage anzuwenden ist und mit welchem Wert die im Nachlass enthaltenen Wirtschaftsgüter bzw. Schulden anzusetzen sind. Bewertungsstichtag ist z. B. in Erbfällen der Todestag und bei Schenkungen der Tag der Ausführung der Zuwendung.

Die Erbschaft- und Schenkungsteuer ist eine Stichtagssteuer. Für die Steuerermittlung sind die Verhältnisse zum Zeitpunkt der Steuerentstehung maßgebend (§§ 9, 11 ErbStG).

Die Erbschaftsteuer entsteht grundsätzlich mit dem Tod des Erblassers (§ 9 Abs. 1 Nr. 1 ErbStG). Die Schenkungsteuer entsteht zu dem Zeitpunkt, in dem die Schenkung vollzogen, d.h. ausgeführt, ist (§ 9 Abs. 1 Nr. 2 ErbStG). Dieser Stichtag ist auch maßgeblich für die Ermittlung des Werts des Nachlasses oder der Schenkung. Spätere Wertveränderungen können nicht mehr berücksichtigt werden.

Ausnahmen von der Steuerentstehung zum Todestag oder Schenkungstag bestehen für die in § 9 Abs. 1 Nr. 1 Buchst. a–j ErbStG genannten Tatbestände (z. B. bei Erwerb aufgrund aufschiebender Bedingung).

**Merke**

Wertsteigerungen und Wertverluste (z. B. Kursverluste eines Wertpapierdepots) nach dem Bewertungsstichtag bleiben grundsätzlich unberücksichtigt. Diese können im Rahmen einer abweichenden Steuerfestsetzung oder eines Erlasses (§§ 163, 227 AO) nur in besonders gelagerten Ausnahmefällen berücksichtigt werden.

**Besonderheiten bei der Übertragung von Grundstücken:**

a) Eine **Grundstückschenkung** gilt bereits dann als ausgeführt, wenn die Vertragsparteien die für die Eintragung der Rechtsänderung in das Grundbuch erforderlichen Erklärungen (Auflassung nach § 925 BGB und Eintragungsbewilligung nach § 19 GBO) abgegeben haben und der Beschenkte auf Grund dieser Erklärungen in der Lage ist, beim Grundbuchamt die Eintragung der Rechtsänderung zu bewirken (vgl. R E 9.1 Abs. 1 ErbStR). D. h. es ist grundsätzlich der Tag der notariellen Beurkundung als Schenkungszeitpunkt maßgeblich. Das zivilrechtliche Eigentum (Tag der Eintragung ins Grundbuch) ist bei einer Grundstückschenkung nicht von Bedeutung.
b) Für die **Zurechnung eines Grundstücks zum Nachlass** bei zum Todestag noch nicht vollständig erfüllten Grundstückskaufverträgen ist jedoch der Übergang des Eigentums nach dem zivilrechtlichen Eigentumsbegriff entscheidend, also die Eintragung im Grundbuch zum Todestag (vgl. R E 12.2 ErbStR und H E 12.2 ErbStH).

## 3.6 Steuerpflichtiger Erwerb

**Auf den Punkt gebracht**

Der Wert des steuerpflichtigen Erwerbs wird aus der Bereicherung des Erwerbers ermittelt. Von den erworbenen Vermögensgegenständen können die übernommenen Verbindlichkeiten abgezogen werden. Als Verbindlichkeiten im Erbfall können beispielsweise Bankschulden, Privatschulden, Schulden aus Vermächtnissen bzw. geltend gemachten Pflichtteilsansprüchen, Kosten der Bestattung des Erblassers und Nachlassregelungskosten abgezogen werden. Nicht abzugsfähig sind Schulden, soweit sie in wirtschaftlichem Zusammenhang mit steuerfreien Vermögensgegenständen stehen.

Nach dem Prinzip der Erbanfallsteuer ist das, was der einzelne Erwerber erhält, Grundlage der Besteuerung. Diese **Bereicherung** wird ermittelt, indem man den Wert des gesamten Vermögensanfalls, soweit dieser nicht steuerfrei ist, um die abzugsfähigen Nachlassverbindlichkeiten kürzt (§ 10 Abs. 1 ErbStG). Der ermittelte Wert wird auf volle 100 € nach unten abgerundet und bildet die Bemessungsgrundlage für die Berechnung der Erbschaftsteuer.

Auch bei einer Schenkung können die vom Erwerber übernommenen Schulden bzw. zu leistenden Auflagen und die Erwerbsnebenkosten abgezogen werden, sodass nur dessen Bereicherung der Schenkungsteuer zu unterwerfen ist.

### 3.6.1 Überblick Nachlassverbindlichkeiten

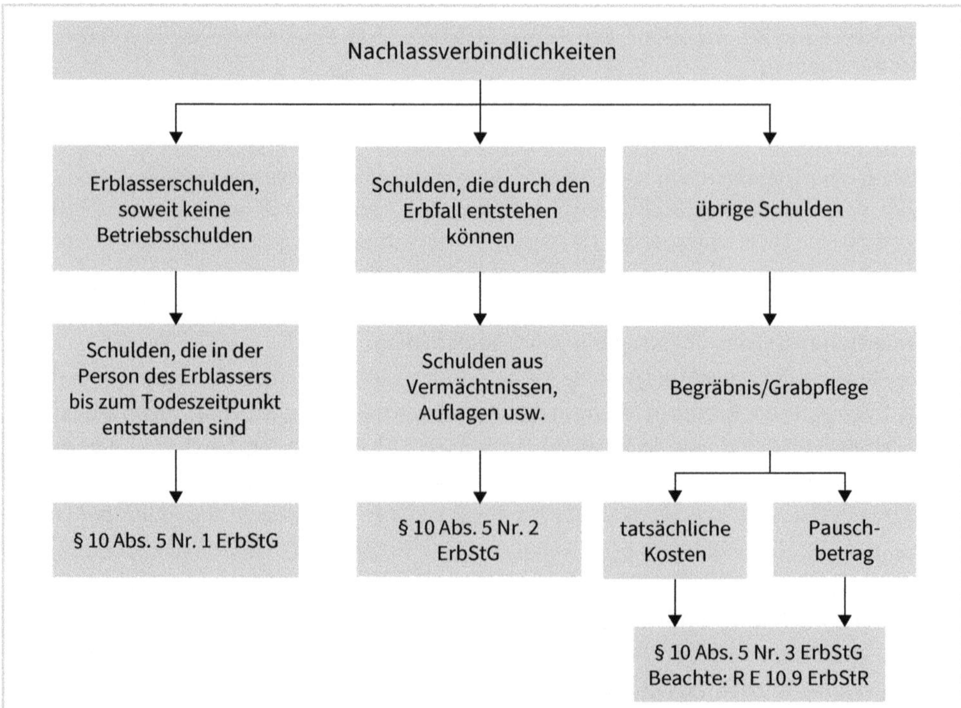


**Abb. 6:** Nachlassverbindlichkeiten § 10 Abs. 5 ErbStG (Quelle: Neufang Akademie, Calw)

### 3.6.2 Abzugsfähige Verbindlichkeiten

- Übernommene Erblasserschulden, wie z. B. Bankschulden, sonstige Privatschulden, Steuerschulden;
- Verbindlichkeiten aus Vermächtnissen, Auflagen und geltend gemachten Pflichtteilsansprüchen;
- Kosten der Bestattung des Erblassers, für ein angemessenem Grabmal und Kosten für die übliche Grabpflege;

**Merke**

Die jährlichen Kosten für die übliche Grabpflege sind mit dem Vervielfältiger für unbestimmte Dauer von 9,3 (§ 13 Abs. 2 BewG; Zeitdauer ca. 13 Jahre) zu multiplizieren (§ 10 Abs. 5 Nr. 3 ErbStG). Eine längere Laufzeit, z. B. in einem Grabpflegevertrag, ist daher nicht maßgeblich. Als Jahreswert der Grabpflege wird in der Praxis regelmäßig ein Betrag von 500 €/Jahr anerkannt.

- Kosten, die dem Erwerber unmittelbar im Zusammenhang mit der Abwicklung, der Regelung oder der Verteilung des Nachlasses entstehen, wie z. B. Kosten des Nachlassgerichts, des Erbscheins, der Testamentsvollstreckung (Nachlassregelungskosten); dies gilt jedoch nicht für die Kosten der Verwaltung des Nachlasses (z. B. Verwaltung eines Nachlassgrundstücks);

**Merke**

1. Hierunter fallen auch Kosten für die Auflösung des Haushalts und **Räumung der Wohnung** des Erblassers, welche in den ersten sechs Monaten nach dem Erbfall entstanden sind.
2. Kosten der Bestattung des Erblassers, für ein angemessenem Grabmal, für die übliche Grabpflege und für die Regelung des Nachlasses können i. H. v. 10.300 € (ab Todestag 01.01.2025: 15.000 €) ohne weiteren Nachweis abgezogen werden (**Erbfallkosten-Pauschbetrag**). Soweit die Kosten diesen Pauschbetrag übersteigen, sind entsprechende Belege vorzulegen. Der Pauschbetrag bezieht sich auf den gesamten Erbfall und kann auch von mehreren am Erbfall beteiligten Erwerbern insgesamt nur einmal in Anspruch genommen werden.

- Erwerbsnebenkosten bei einer Schenkung, z. B. für Notar, Grundbuch oder Handelsregister; Steuerberatungskosten und Rechtsberatungskosten im Vorfeld einer Schenkung sind jedoch keine abzugsfähigen Erwerbsnebenkosten (vgl. R E 7.4 Abs. 4 ErbStR).

### 3.6.3 Berücksichtigung privater Steuererstattungsansprüche bzw. -schulden des Erblassers

**Einkommensteuererstattungsansprüche** aus Veranlagungszeiträumen vor dem Todeszeitpunkt des Erblassers gehören zum steuerpflichtigen Erwerb, ohne dass es auf ihre Durchsetzbarkeit (Festsetzung in Steuerbescheid) zum Todeszeitpunkt ankommt. Die Überzahlungen müssen jedoch noch vom Erblasser geleistet worden sein (vgl. R E 10.3 ErbStR).

**Merke**

Einkommensteuererstattungsansprüche aus dem Veranlagungszeitraum, in den der Todeszeitpunkt des Erblassers fällt, gehören für Bewertungsstichtage ab dem 29.12.2020 zum steuerpflichtigen Erwerb, auch wenn sie rechtlich erst nach dem Tod des Erblassers entstanden sind.

**Einkommensteuerschulden** aus früheren Veranlagungszeiträumen und aus dem Veranlagungszeitraum, in den der Todeszeitpunkt des Erblassers fällt, sind unabhängig davon, ob sie am Todeszeitpunkt des Erblassers bereits festgesetzt waren oder nicht als Nachlassverbindlichkeiten abzugsfähig (vgl. R E 10.8 ErbStR).

### 3.6.4 Abzug von Steuerberatungs- und Rechtsberatungskosten bei der Erbschaftsteuer

#### 3.6.4.1 Kosten für Erbschaftsteuer- und Feststellungserklärungen

Steuerberatungskosten für die von den Erben in Auftrag gegebene Erstellung der Erbschaftsteuererklärung oder der Feststellungserklärung nach § 151 BewG sind zum Abzug zugelassen. Gleiches gilt grundsätzlich, wenn Kosten für ein Grundstücks- bzw. ein Unternehmenswertgutachten anfallen und vom Erwerber getragen wurden (vgl. H E 10.7 ErbStH).

**Merke**

Keine Nachlassregelungskosten sind entsprechende Kosten, die in einem Rechtsbehelfsverfahren oder einem finanzgerichtlichen Verfahren anfallen und vom Erwerber getragen wurden.

#### 3.6.4.2 Kosten für Steuererklärungen des Erblassers

Steuerberatungskosten, die dem Erben z. B. für die Abgabe der Einkommensteuererklärung des Erblassers entstehen, sind als Nachlassregelungskosten i. S. d. § 10 Abs. 5 Nr. 3 Satz 1 ErbStG abzugsfähig. Gleiches gilt für entsprechende Kosten, die dem Erben anlässlich einer Berichtigung für ursprünglich vom Erblasser abgegebene Steuererklärungen oder für die Nacherklärung von Steuern entstehen, die der Erblasser hinterzogen hat.

Steuerberatungskosten können auch als Erblasserschulden abzugsfähige Nachlassverbindlichkeiten i. S. d. § 10 Abs. 5 Nr. 1 ErbStG darstellen, soweit sie vom Erblasser herrühren. Dies gilt dann, wenn der Erblasser den steuerlichen Berater noch zu seinen Lebzeiten beauftragt hat.

### 3.6.5 Beschränkung des Abzugs von Schulden und Lasten

Nicht abzugsfähig sind Schulden und Lasten, soweit sie in wirtschaftlichem Zusammenhang mit steuerfreien Vermögensgegenständen stehen (Schuldenkürzung, § 10 Abs. 6 ErbStG; vgl. R E 10.10 ErbStR). Bei teilweise befreiten Vermögensgegenständen kann ein teilweiser Abzug der Schulden erfolgen.

### Beispiel

Alleinerbe Sohn S erwirbt ein Familienheim von Todes wegen. Der Grundbesitzwert beträgt 500.000 € und die Wohnfläche 250 m². Auf das Familienheim entfallen Schulden im Wert von 150.000 €.

**Lösung**
Befreiung Familienheim (§ 13 Abs. 1 Nr. 4c ErbStG):

$$\frac{200}{250} \text{ von } 500.000\text{ €} = 400.000\text{ €}$$

Kürzung Schulden (§ 10 Abs. 6 ErbStG):

$$150.000\text{ €} \times \frac{200}{250} = 120.000\text{ €}$$

abzugsfähige Schulden somit: 30.000 €

Schulden und Lasten, die mit nach den §§ 13a und 13c ErbStG befreitem Vermögen (Unternehmensvermögen, LuF-Vermögen) oder die mit nach § 13d ErbStG befreitem Vermögen (vermietete Wohngrundstücke) in wirtschaftlichem Zusammenhang stehen, sind nur mit dem Betrag abzugsfähig, der dem Verhältnis des nach Anwendung der §§ 13a, 13c bzw. § 13d ErbStG anzusetzenden Werts dieses Vermögens zu dem Wert vor Anwendung der Befreiungen entspricht.

### Beispiel

(Vgl. H E 13d ErbStH) Tochter T erbt von ihrem Vater V ein zu Wohnzwecken vermietetes Grundstück mit einem Grundbesitzwert von 2 Mio. € und eine damit zusammenhängende Darlehensschuld von 500.000 €.

**Lösung**

| | | |
|---|---|---|
| Zu Wohnzwecken vermietetes Grundstück | | 2.000.000 € |
| Befreiungsabschlag (§ 13d ErbStG): 10% von 2 Mio. € = | | ./. 200 000 € |
| Nachlassverbindlichkeit | 500.000 € | |
| nicht abzugsfähig: 10% von 500.000 € = | ./. 50.000 € | |
| Abzugsfähig | 450.000 € | ./. 450.000 € |
| Bereicherung T | | 1.350.000 € |

Bei **Pflichtteilsansprüchen** und anderen **allgemeinen Nachlassverbindlichkeiten** (z. B. Konsumentendarlehen, Steuerschulden, Schuld aus Zugewinnausgleichsanspruch) besteht kein wirtschaftlicher Zusammenhang mit den einzelnen erworbenen Vermögensgegenständen. Für Bewertungsstichtage ab dem 29.12.2020 sind solche Schulden und Lasten den einzelnen

Nachlassgegenständen anteilig zuzuordnen (§ 10 Abs. 6 Satz 5 ErbStG) und zu kürzen, wenn der Erwerb ganz oder teilweise steuerbefreit ist. Berechnungsbeispiele hierzu sind in den gleich lautenden Ländererlassen vom 13.09.2021 zu finden.

**Merke**

Eine Kürzung wird nicht bei Nachlassregelungskosten i. S. d. § 10 Abs. 5 Nr. 3 ErbStG vorgenommen (§ 10 Abs. 6 Satz 6 ErbStG). Gleiches gilt für Erwerbsnebenkosten bei einer Schenkung.

## 3.7 Bewertung des Vermögens und der Schulden

§ 12 ErbStG regelt die Bewertung von Vermögensgegenständen und Schulden, die in einem Nachlass enthalten oder Gegenstand einer Schenkung sein können. Seit dem 01.01.2009 ist Bewertungsmaßstab der gemeine Wert (Verkehrswert) zum Besteuerungszeitpunkt.

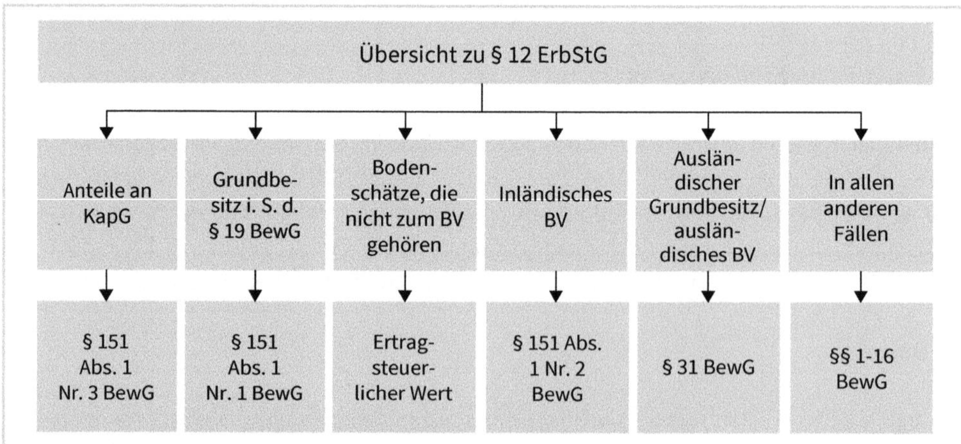


**Abb. 7:** Übersicht Bewertung nach § 12 ErbStG (Quelle: Neufang Akademie, Calw)

Für land- und forstwirtschaftliches Vermögen, Betriebsvermögen, Anteile an Kapitalgesellschaften, für Grundstücke und für das übrige Vermögen enthält das BewG entsprechende Regelungen und Vorgaben zu den verschiedenen Wertermittlungsverfahren (s. Kapitel 4).

## 3.8 Sachliche Steuerbefreiungen

### 3.8.1 Allgemeine Steuerbefreiungen

**Auf den Punkt gebracht**

Im Nachlass enthaltene Vermögensgegenstände können u. a. unter den Voraussetzungen des § 13 ErbStG teilweise oder ganz steuerbefreit werden. Diese Steuerbefreiungen werden vor den persönlichen Freibeträgen und den besonderen Versorgungsfreibeträgen gewährt. Hauptanwendungsfälle in der Praxis sind die Befreiungen für Hausrat, bewegliche Gegenstände, für das selbst genutzte Familienheim, für vermietete Wohngrundstücke und der Pflegefreibetrag.

Folgende Befreiungen sind in der Praxis am geläufigsten und werden für jeden Erwerber gewährt:

- Hausrat einschließlich Wäsche und Kleidungsstücke bis zu 41.000 € bei Personen der Steuerklasse I,
- andere bewegliche körperliche Gegenstände (z. B. Pkw, Motorrad, Wohnmobil, Boot, Schmuck) bis zu 12.000 € bei Personen der Steuerklasse I,
- Hausrat einschließlich Wäsche und Kleidungsstücke sowie andere bewegliche körperliche Gegenstände bis zu einem Wert von 12.000 € bei Personen der Steuerklasse II und III,
- Rückfall von Vermögensgegenständen, die Eltern oder Voreltern ihren Abkömmlingen durch Schenkung zugewandt hatten und die an diese Personen im Erbfall des Kindes bzw. Enkelkindes zurückfallen,
- Zuwendungen unter Lebenden zum Zwecke des angemessenen Unterhalts oder zur Ausbildung (z. B. an nicht verheiratete und nicht unterhaltsverpflichtete Personen wie (ehemalige) Lebensgefährten),
- übliche Gelegenheitsgeschenke,
- Zuwendungen zu kirchlichen, mildtätigen und gemeinnützigen Zwecken,
- ein steuerpflichtiger Erwerb bis zu 20.000 € für Personen, die den Erblasser unentgeltlich oder gegen unzureichendes Entgelt gepflegt oder unterhalten haben.

**Beratungshinweise**

1. Der Pflege-Freibetrag von bis zu 20.000 € ist auch bei Ehegatten und Kindern möglich (vgl. R E 13.5 ErbStR).
2. Erforderlich für die Inanspruchnahme des Pflege-Freibetrags ist, dass der Erwerber die Hilfsbedürftigkeit des Pflegeempfängers sowie Art, Dauer, Umfang und Wert der erbrachten Pflegeleistungen schlüssig darlegt und glaubhaft macht und die Pflege unentgeltlich erfolgt.
3. Zu den Pflegeleistungen gehören neben den Tätigkeiten im Bereich der Körperpflege u. a. Hilfestellungen bei der Ernährung, der Mobilität, der hauswirtschaftlichen Versorgung, bei Boten- bzw. Behördengängen und bei schriftlichen Angelegenheiten.
4. Eine Hilfsbedürftigkeit kann bei Personen ab 80 Jahren angenommen werden. Die Befreiung kann auch bei Personen im Pflegeheim gewährt werden.
5. Für die vorgenannten Pflegeleistungen kann das Mindestentgelt für Pflegehilfskräfte nach der jeweils gültigen Fassung der Pflegearbeitsbedingungsverordnung pauschal angesetzt werden

(z. B. für Stichtage ab 01.05.2024 15,50 € brutto je Stunde). Die Mindestentgelte für andere Steuerentstehungszeitpunkte sind den jeweils gültigen Fassungen der Pflegearbeitsbedingungenverordnung zu entnehmen.

6. Aus Vereinfachungsgründen ist in den vorgenannten Fällen der am Tag der Steuerentstehung maßgebende Stundensatz für den gesamten Zeitraum der erbrachten Pflegeleistungen zugrunde zu legen.
7. Diese Beträge sind zu kürzen, soweit die Pflegeperson Pflegegeld erhält. Daneben kann bei entstandenen Kfz-Kosten ein Wert von 0,30 € pro gefahrenen Kilometer berücksichtigt werden (vgl. H E 7.4 (1) ErbStH).

### 3.8.2 Freistellung des selbstgenutzten Wohneigentums

Die Übertragung des selbstgenutzten Wohneigentums an den Ehegatten bzw. eingetragenen Lebenspartner oder an Kinder bzw. Kinder verstorbener Kinder wird durch das ErbStG besonders begünstigt.

**a) Schenkung eines Familienheims an den Ehegatten bzw. Lebenspartner (§ 13 Abs. 1 Nr. 4 Buchst. a ErbStG; R E 13.3 ErbStR)**

**Auf den Punkt gebracht**

Steuerfreie Schenkungen des Familienheims sind nur an Ehegatten bzw. Lebenspartner und nicht an Kinder möglich. Voraussetzung ist, dass das Familienheim den Mittelpunkt des familiären Lebens bildet. Hierbei gibt es im Gegensatz zum Erwerb im Erbfall keine Verpflichtung zur Weiternutzung nach der Schenkung. Von daher sollte bei Ehegatten ein Familienheim eher durch eine Schenkung übertragen werden.

Die Übertragung des Eigentums oder Miteigentums an einer im Inland bzw. in einem EU-/EWR-Staat belegenen, zu eigenen Wohnzwecken genutzten Wohnung (Familienheim) an den Ehegatten im Weg der Schenkung ist schenkungsteuerfrei. Begünstigt sind zu eigenen Wohnzwecken genutzte Wohnungen in einem Ein- oder Zweifamilienhaus, Mietwohngrundstück, Geschäftsgrundstück oder gemischt-genutzten Grundstück sowie selbstgenutzte Eigentumswohnungen.

Voraussetzung für die Steuerfreiheit ist weiterhin, dass das Familienheim den Mittelpunkt des familiären Lebens beider Ehegatten bilden muss. Die Nutzung zu eigenen Wohnzwecken umfasst auch die Mitbenutzung durch die zur Familie gehörenden Kinder, Enkelkinder oder Eltern.

**Merke**

Eine Befreiung ist nicht möglich, wenn das zugewendete Grundstück als Zweitwohnung oder als Ferien- bzw. Wochenendhaus genutzt wird, was bei Grundstücken im Ausland oft der Fall sein wird.

### Beispiel

A ist Alleineigentümer eines Zweifamilienhauses. Eine Wohnung (Wohnfläche 140 $m^2$) bewohnt er zusammen mit seiner Ehefrau B. Die Einliegerwohnung (Wohnfläche 70 $m^2$) ist zu fremden Wohnzwecken vermietet. A überträgt das hälftige Eigentum am gesamten Haus auf B.

**Lösung**
Die Übertragung des hälftigen Miteigentums ist zu zwei Dritteln (eigengenutzte Wohnung) als Familienheim steuerfrei und zu einem Drittel (vermietete Wohnung) grundsätzlich steuerpflichtig.

Die Befreiung ist wertmäßig nicht begrenzt. Auch kann während des Bestehens der Ehe nacheinander mehrfach ein Familienheim zugewendet werden. Eine Behaltensfrist ist im Schenkungsfall nicht vorgesehen.

**b) Vererbung eines Familienheims an den Ehegatten bzw. Lebenspartner (§ 13 Abs. 1 Nr. 4 Buchst. b ErbStG; R E 13.4 ErbStR)**

**Auf den Punkt gebracht**

Die Befreiung für ein Familienheim wird im Erbfall bei Ehegatten zusätzlich zum persönlichen Freibetrag und zum Versorgungsfreibetrag gewährt und ist daher bei großem Nachlassvermögen von Bedeutung. Das Familienheim muss vom Erblasser und nach dem Erbfall vom Erwerber zu eigenen Wohnzwecken genutzt worden sein bzw. werden (Ausnahme: zwingende Gründe, wie z. B. ein Pflegeheimaufenthalt). Der Erwerber muss das Familienheim zehn Jahre nach dem Erwerb selbst nutzen und zivilrechtlicher Eigentümer bleiben, ansonsten erfolgt eine Nachversteuerung.

Die Steuerbefreiung gilt auch beim Übergang eines Familienheims an Ehegatten im Erbfall. Der Ehegatte muss zivilrechtlicher (Mit-)Eigentümer werden. Ein Nießbrauch am Familienheim ist nicht ausreichend. Es gelten grundsätzlich die gleichen Voraussetzungen wie bei einer Schenkung.

Weitere Voraussetzungen für die Steuerbefreiung sind, dass die Wohnung
- vom Erblasser bis zum Erbfall zu eigenen Wohnzwecken genutzt wurde oder
- aus zwingenden Gründen nicht zu Wohnzwecken genutzt werden konnte und
- beim Erwerber unverzüglich zur Selbstnutzung zu eigenen Wohnzwecken bestimmt ist.

Eine unverzügliche Selbstnutzung zu eigenen Wohnzwecken dürfte bei Ehegatten des Erblassers kein Problem sein, da diese regelmäßig mit dem Erblasser vor dessen Tod zusammen im Familienheim lebten.

Die Freistellung entfällt rückwirkend, wenn das Familienheim innerhalb von zehn Jahren nach dem Erwerb vom Erwerber nicht mehr selbst genutzt wird bzw. er kein zivilrechtlicher Eigentümer mehr ist (z. B. durch Schenkung oder Verkauf), es sei denn, der Erbe ist aus zwingenden

Gründen an einer Selbstnutzung zu eigenen Wohnzwecken gehindert. Die Steuerbefreiung fällt in voller Höhe weg, unabhängig davon, nach wie vielen Jahren die Selbstnutzung des Familienheims aufgegeben wurde (»Fallbeileffekt«).

**Merke**

Zwingende Gründe, die beim Erblasser oder beim erwerbenden Ehegatten eine fehlende Selbstnutzung zu eigenen Wohnzwecken rechtfertigen können, liegen beispielsweise bei einem Pflegeheimaufenthalt, beim Tod des Erwerbers oder bei Hinderung der Wohnnutzung aus gesundheitlichen Gründen (z. B. Umzug in ein sog. Betreutes Wohnen) vor.

### Beispiele

1. T war Alleineigentümer einer Eigentumswohnung, die er zusammen mit seiner Ehefrau L bewohnt hat. Mit dem Tod des T geht die Wohnung auf L als Alleinerbin über. Diese nutzt die Wohnung weiterhin.

   **Lösung**
   Die geerbte Wohnung ist von der Erbschaftsteuer freigestellt.

2. M war Alleineigentümer eines Einfamilienhauses, das er zusammen mit seiner Ehefrau F bewohnt hat. F beerbt M allein und nutzte das Haus zunächst weiter. Nach drei Jahren zieht sie zu ihrer Tochter und verkauft das geerbte Haus.

   **Lösung**
   Mit Beendigung der Selbstnutzung der F entfällt die Familienheim-Befreiung rückwirkend und in voller Höhe.

3. Die Ehefrau A war Alleineigentümerin einer Eigentumswohnung, die sie zusammen mit ihrem Ehemann B bewohnte. B beerbte seine Ehefrau allein. Zwei Jahre nach dem Tod der A kommt B in ein Pflegeheim. Die Wohnung wird nunmehr vermietet.

   **Lösung**
   Der Erwerb der Eigentumswohnung durch B ist von der Erbschaftsteuer freigestellt.
   Da er aus zwingenden Gründen an einer Selbstnutzung gehindert ist, bleibt die Steuerbefreiung erhalten.

Die Voraussetzungen für die Familienheim-Befreiung sind lt. ständiger Rechtsprechung des Bundesfinanzhofs und der Finanzgerichte eng am Gesetzeswortlaut auszulegen. Folgende Konstellationen sind z. B. schädlich für die Gewährung der Befreiung:

- Aufgabe des Eigentums des überlebenden Ehegatten in der Behaltenszeit durch Weiterschenkung des Familienheims unter Nießbrauchsvorbehalt;

- überlebender Ehegatte erhält im Erbfall ein Nießbrauchsvermächtnis am Familienheim; hier mangelt es an der Eigentümerstellung des Ehegatten nach dem Erbfall;
- Selbstnutzung des Familienheims ca. mehr als 1,5 Jahre nach dem Erbfall; lange Renovierungen sollten daher vermieden werden.

**c) Vererbung eines Familienheims an Kinder und Kindeskinder (§ 13 Abs. 1 Nr. 4 Buchst. c ErbStG; R E 13.4 ErbStR)**

**Auf den Punkt gebracht**

Bei der Befreiung des Familienheims gelten beim Erwerb von Kindern oder Enkeln durch Erbanfall die gleichen Voraussetzungen wie bei Ehegatten. Die Befreiung erfolgt hierbei jedoch nur bis zu einer Fläche von 200 $m^2$. Bei mehreren Kindern als Erben kann nur das Kind die Befreiung erhalten, das durch Selbstnutzung die Voraussetzungen hierfür erfüllt.

Auch die Übertragung eines Familienheims auf Kinder oder auf Kinder bereits verstorbener Kinder (Enkel) bleibt im Erbfall steuerfrei. Die Befreiung ist nicht bei Schenkungen möglich. Es gelten grundsätzlich die gleichen Voraussetzungen wie bei Ehegatten.

Hier ist Voraussetzung, dass die Wohnung
- vom Erblasser bis zum Erbfall zu eigenen Wohnzwecken genutzt wurde oder
- aus zwingenden Gründen nicht zu Wohnzwecken genutzt werden konnte und
- beim Erwerber unverzüglich zur Selbstnutzung zu eigenen Wohnzwecken bestimmt ist und
- die Wohnfläche der Wohnung nicht mehr als 200 $m^2$ beträgt; bei größeren Wohnungen wird die Freistellung damit nur für den Anteil von 200 $m^2$ Wohnfläche gewährt; der darüberhinausgehende Teil ist steuerpflichtig; dies gilt unabhängig vom erworbenen Miteigentumsanteil.

Eine Nutzung als Zweitwohnung ist nicht ausreichend. Eine Steuerbefreiung scheidet ebenso aus, wenn der Erwerber von vornherein gehindert ist, die Wohnung in dem von Todes wegen erworbenen Einfamilienhaus für eigene Wohnzwecke zu nutzen und deshalb auch tatsächlich nicht einzieht, z. B. wegen einer beruflichen Residenzpflicht in einer anderen Stadt.

Auch beim Erwerb durch Kinder oder Kindeskinder ist es unschädlich, wenn der Erblasser aus zwingenden Gründen an der Eigennutzung der Wohnung gehindert war, weil er beispielsweise im Pflegeheim untergebracht war.

**Beratungshinweise**

1. Voraussetzung für die Befreiung bei Kindern ist, dass der Erbe unverzüglich – d. h. ohne schuldhaftes Zögern – in das Familienheim einzieht, falls er vorher nicht darin wohnte.
2. In der Praxis sollte der Entschluss zur Selbstnutzung innerhalb von sechs Monaten nach dem Erbfall erfolgen. Ein späterer Einzug aufgrund von Verzögerungen der Renovierungsarbeiten an dem Familienheim, z. B. 1,5–2 Jahre nach dem Tod des Erblassers, ist dann unschädlich. Der Erwerber

sollte daher neben der tatsächlichen rechtzeitigen Einleitung der Renovierungsarbeiten auch Nachweise darüber aufbewahren, dass und wann er tatsächlich mit Handwerkern Kontakt hatte bzw. Aufträge erteilt hat und über welche technischen Möglichkeiten gesprochen wurde. Diese können dann dem ErbSt-Finanzamt vorgelegt werden.

3. Bei Erbengemeinschaften bzw. Erbstreitigkeiten kann auch ein längerer Zeitraum noch angemessen sein. Die Gründe für eine Verzögerung der Selbstnutzung sollten dem Finanzamt rechtzeitig dargelegt werden.
4. Bei mehreren Kindern als Erben kann nur das Kind die Befreiung erhalten, das durch Selbstnutzung die Voraussetzungen hierfür erfüllt. Die Befreiung kommt grundsätzlich nur im Umfang der Erbquote in Betracht. Durch Zuweisung des Familienheims an den einziehenden Miterben mittels einer Erbauseinandersetzung kann der gesamte Wert des Familienheims befreit werden (vgl. R E 13.4 Abs. 5 ErbStR).
5. Da Schenkungen des Familienheims an Kinder nicht befreit werden, sollte – insbesondere bei werthaltigem Vermögen – das Familienheim erst im Erbfall an das Kind übergehen. Voraussetzung ist, dass es das Familienheim bereits selbst zu Wohnzwecken nutzt oder es nach dem Erbfall nutzen möchte.

Auch beim Erwerb des Familienheims durch Kinder entfällt die Befreiung rückwirkend, wenn das Familienheim innerhalb von zehn Jahren nach dem Erwerb vom Erwerber nicht mehr selbst genutzt wird bzw. er kein zivilrechtlicher Eigentümer mehr ist (z. B. durch Schenkung oder Verkauf), es sei denn, der Erbe ist aus zwingenden Gründen an einer Selbstnutzung zu eigenen Wohnzwecken gehindert. Zwingende Gründe liegen z. B. beim Tod des Kindes, jedoch nicht bei einer beruflichen Versetzung in der Behaltenszeit von zehn Jahren vor.

### 3.8.3 Verschonung von vermieteten Wohnungen

Zu Wohnzwecken vermietete Wohnungen, die nicht Betriebsvermögen sind, werden mit 90% ihres gemeinen Werts angesetzt (§ 13d Abs. 1 ErbStG; vgl. R E 13d ErbStR). Das vermietete Grundstück muss im Inland bzw. in einem EU-/EWR-Staat belegen sein. Die Vergünstigung gilt sowohl für Schenkungen unter Lebenden als auch für Erwerbe von Todes wegen.

Nach der EuGH-Rechtsprechung (Rechtssache C-670/21 (BA)) und den gleich lautenden Ländererlassen vom 19.06.2024 ist der Befreiungsabschlag von 10% auch zu gewähren, wenn das Grundstück in einem Drittstaat belegen ist und in Bezug auf die Erbschaft- und Schenkungsteuer ein Informationsaustausch mit diesem Drittstaat sichergestellt ist.

Bei Mischnutzung (Nutzung zu Wohnzwecken und zu gewerblichen bzw. freiberuflichen Zwecken) ist der Befreiungsabschlag von 10% nach den tatsächlichen Nutzungsverhältnissen zum Besteuerungszeitpunkt nur auf den Teil des Grundbesitzwerts zu gewähren, der auf den zu Wohnzwecken vermieteten Teil des Gebäudes entfällt. Die Aufteilung erfolgt nach dem Verhältnis der zu Wohnzwecken vermieteten Wohnfläche des Gebäudes zur gesamten Wohn- bzw. Nutzfläche.

**Beratungshinweise**

1. Eine Behaltensfrist oder eine Verpflichtung zur weiteren Vermietung zu Wohnzwecken besteht nicht. Entscheidend sind die Verhältnisse im Besteuerungszeitpunkt.
2. Eine unentgeltliche Überlassung steht einer Vermietung zu Wohnzwecken nicht gleich und ist daher nicht begünstigt.
3. Grundsätzlich kann auch ein Gebäude begünstigt sein, das im Zeitpunkt der Steuerentstehung z. B. wegen Mieterwechsel oder Sanierung leer steht. Das Gebäude muss zur Vermietung zu Wohnzwecken bestimmt sein. Es muss eine konkrete Vermietungsabsicht des Erblassers oder des Schenkers bestanden haben und mit deren Umsetzung begonnen worden sein.

## 3.9 Verschonung des land- und forstwirtschaftlichen Vermögens und des Unternehmensvermögens

**Auf den Punkt gebracht**

Bei einem Erwerb von begünstigtem LuF-Vermögen und Unternehmensvermögen bis zu 26 Mio. € kann eine Steuerverschonung (Regelverschonung von 85 % oder Optionsverschonung von 100 %) gewährt werden. Bei Überschreiten dieses Schwellenwerts gelten für Erwerbe ab dem 01.07.2016 die Sonderregelungen für Großvermögen nach den Vorschriften der §§ 13c und 28a ErbStG. Das begünstigte Vermögen wird in mehreren Schritten durch Abzug des steuerpflichtigen Verwaltungsvermögens vom gemeinen Wert des Unternehmens ermittelt.

Durch die Erbschaftsteuerreform 2016 wurden für Erwerbe von LuF-Vermögen, (Anteilen am) Betriebsvermögen bzw. Anteilen an Kapitalgesellschaften von Todes wegen oder durch Schenkung unter Lebenden für Stichtage ab dem 01.07.2016 die erbschaftsteuerlichen Verschonungen (§§ 13a–c und 28a ErbStG) neu geregelt. Hierbei sind zum Bewertungsstichtag und auch in der Behaltenszeit gewisse Voraussetzungen zu erfüllen.

| | Regelverschonung | Optionsverschonung |
|---|---|---|
| **Erwerb ≤ 26 Mio. €** Verschonungsabschlag | 85 % des begünstigten Vermögens | 100 % des begünstigten Vermögens |
| Abzugsbetrag | zusätzlicher Abzugsbetrag von bis zu 150.000 € | – |
| **Erwerb > 26 Mio. €** Wahlrecht | reduzierter Verschonungsabschlag (Abschmelzmodell, § 13c ErbStG) oder Erlass nach Verschonungsbedarfsprüfung (§ 28a ErbStG); jeweils Antrag erforderlich | |
| Lohnsummenfrist | 5 Jahre | 7 Jahre |
| Mindestlohnsumme | 250–400 % der Ausgangslohnsumme je nach Anzahl der Beschäftigten | 500–700 % der Ausgangslohnsumme je nach Anzahl der Beschäftigten |

| | Regelverschonung | Optionsverschonung |
|---|---|---|
| Lohnsummenregelung nicht anwendbar wenn | Ausgangslohnsumme = 0 € oder max. 5 Beschäftigte | Ausgangslohnsumme = 0 € oder max. 5 Beschäftigte |
| Verwaltungsvermögen | – | max. 20% |
| Behaltensfrist | 5 Jahre | 7 Jahre |
| Antrag | – | unwiderruflicher Antrag |
| Verstoß gegen<br>– Lohnsummenfrist<br>– Behaltensfrist | <br>prozentuale Kürzung<br>zeitanteilige Kürzung | <br>prozentuale Kürzung<br>zeitanteilige Kürzung |

**Tab. 7:** Übersicht Verschonungsregelungen nach §§ 13a – c, 28a ErbStG

### 3.9.1 Ermittlung des begünstigten Vermögens

Die Verschonungen des Unternehmensvermögens können nur für das begünstigte Vermögen gewährt werden. Das begünstigte Vermögen wird durch Abzug des steuerpflichtigen Verwaltungsvermögens vom gemeinen Wert des Unternehmens ermittelt (§ 13b Abs. 2 ErbStG). Nur das begünstigte operative Vermögen unterliegt den Verschonungen der §§ 13a–c und 28a ErbStG. Das steuerpflichtige Verwaltungsvermögen ist voll zu versteuern.

Für Stichtage ab dem 01.07.2016 gilt das »Aufteilungsprinzip«. Bei begünstigungsfähigem Vermögen erfolgt eine Aufteilung nach dem begünstigten Vermögen und dem nicht begünstigten Verwaltungsvermögen. Nach der Rechtslage bis zum 30.06.2016 wurde grundsätzlich das gesamte Unternehmensvermögen inkl. des Verwaltungsvermögens begünstigt, wenn dieses je nach Verschonungsart nicht mehr als 10% bzw. 50% des Unternehmenswerts betrug (»Alles-oder-Nichts-Prinzip«).

**Merke**

Das begünstigte Vermögen und das steuerpflichtige Vermögen werden durch das Erbschaftsteuer-Finanzamt auf der Grundlage der Feststellungen des Betriebs-Finanzamts (z. B. Unternehmenswert, Verwaltungsvermögen, Schulden) ermittelt.

**Reihenfolge zur Ermittlung des begünstigten Vermögens**

| |
|---|
| 1. Ermittlung und Prüfung des begünstigungsfähigen Vermögens (§ 13b Abs. 1 ErbStG) |
| 2. Ermittlung der Werte des Verwaltungsvermögens und der Finanzmittel (§ 13b Abs. 4 ErbStG) |
| 3. Aussonderung von Verwaltungsvermögen bzw. Finanzmitteln, die Altersversorgungsverpflichtungen dienen, sowie der entsprechenden Schulden (§ 13b Abs. 3 ErbStG) |
| 4. Ermittlung der Schulden zum Bewertungsstichtag und Vergleich mit den durchschnittlichen Schulden der letzten drei Jahre (§ 13b Abs. 8 ErbStG) |
| **Tz. 1–4: Ermittlung durch Betriebs-Finanzamt** |

| | |
|---|---|
| 5. | Prüfung übermäßiges Verwaltungsvermögen; sog. 90%-Test (§ 13b Abs. 2 Satz 2 ErbStG) |
| 6. | Aussonderung von Schulden durch Finanzmitteltest (§ 13b Abs. 4 Nr. 5 ErbStG) |
| 7. | Abzug der verbleibenden und anteiligen Schulden vom Verwaltungsvermögen = Nettowert Verwaltungsvermögen (§ 13b Abs. 6 ErbStG) |
| 8. | Umqualifizierung von 10% des begünstigten Vermögens abzgl. des Netto-Verwaltungsvermögens in unschädliches Verwaltungsvermögen = steuerpflichtiges Verwaltungsvermögen (§ 13b Abs. 7 ErbStG) |
| 9. | Begünstigtes Vermögen = begünstigungsfähiges Unternehmensvermögen abzgl. steuerpflichtiges Verwaltungsvermögen (§ 13b Abs. 2 Satz 1 ErbStG) |
| | **Tz. 5–9: Ermittlung durch Erbschaftsteuer-Finanzamt** |

**Tab. 8:** Reihenfolge zur Ermittlung des begünstigten Vermögens nach § 13b Abs. 2 ErbStG (siehe auch Überblick in R E 13b.9 ErbStR)

### 3.9.2 Begünstigungsfähiges Vermögen

Zum begünstigungsfähigen Vermögen (§ 13b Abs. 1 Nr. 1–3 ErbStG) gehören:

| | |
|---|---|
| a) | Inländischer Wirtschaftsteil des land- und forstwirtschaftlichen Vermögens sowie entsprechendes Vermögen in der EU/EWR; |
| b) | Inländisches Betriebsvermögen beim Erwerb eines ganzen Gewerbebetriebs, eines Teilbetriebs, eines Mitunternehmeranteils oder eines Anteils daran und freiberufliches Vermögen sowie entsprechendes Vermögen in der EU/EWR; |
| c) | Anteile an Kapitalgesellschaften mit Sitz oder Geschäftsleitung im Inland, in der EU/EWR bei einer Mindestbeteiligung des Erblassers oder Schenkers von **unmittelbar mehr als 25%.** |

**Tab. 9:** Begünstigungsfähiges Vermögen nach § 13b Abs. 1 ErbStG

**Besonderheiten** (vgl. R E 13b.5 Abs. 3 und 4 ErbStR):

- Nicht begünstigungsfähig sind beim LuF-Vermögen der Wohnteil und die Betriebswohnungen.
- Begünstigungsfähig sind einzelne verpachtete LuF-Grundstücke (sog. unechte Stückländereien), wenn diese zu weniger als 15 Jahre verpachtet werden (R B 158.1 Abs. 2 Satz 1 und 2 ErbStR).
- Die Übertragung einzelner Wirtschaftsgüter des Betriebsvermögens (z. B. variables Kapitalkonto, Maschine, Betriebsgrundstück) ist nicht begünstigungsfähig.
- Ein Anteil an einer Personengesellschaft muss nicht im gleichen Verhältnis wie das Sonderbetriebsvermögen übertragen werden.
- Um die Begünstigung für Sonderbetriebsvermögen zu erhalten, muss grundsätzlich ein Anteil an der Personengesellschaft mitübertragen werden.
- Zum Sonderbetriebsvermögen einer Personengesellschaft gehörende Anteile an einer Kapitalgesellschaft können selbstständig begünstigungsfähiges Vermögen i. S. d. § 13b Abs. 1 Nr. 3 ErbStG darstellen.
- Der Erwerb ausländischen Betriebsvermögens in Drittstaaten (z. B. Einzelunternehmen in der Schweiz) unterliegt nicht der Begünstigung nach §§ 13a, 13b ErbStG.

- Eine Begünstigung für Vermögen in Drittstaaten ist möglich, falls dieses Vermögen Teil einer wirtschaftlichen Einheit im Inland bzw. in der EU/EWR ist (z. B. Schweizer Tochtergesellschaft eines deutschen Unternehmens).

**Besonderheiten bei der Beteiligungsquote bei Anteilen an Kapitalgesellschaften:**
Für das Erfüllen der Mindestbeteiligung von mehr als 25 % an Kapitalgesellschaften können die Anteile des Erblassers oder Schenkers mit den Anteilen anderer Gesellschafter zusammengerechnet werden (sog. **Pooling,** § 13b Abs. 1 Nr. 3 Satz 2 ErbStG).

Voraussetzung ist, dass der Erblasser bzw. Schenker sowie die anderen Gesellschafter untereinander verpflichtet sind, über ihre Anteile nur einheitlich zu verfügen oder diese nur innerhalb dieses geschlossenen Personenkreises zu übertragen. Zudem setzt die Zusammenrechnung voraus, dass diese Gesellschaftergruppe ihre Stimmrechte gegenüber nichtgebundenen Gesellschaftern nur einheitlich ausüben darf. Hierbei ist der Abschluss einer schriftlichen Poolvereinbarung erforderlich.

### 3.9.3 Verwaltungsvermögen

**Auf den Punkt gebracht**

Das Verwaltungsvermögen ist zum Bewertungsstichtag aus dem Unternehmensvermögen zu ermitteln. Dritten zur Nutzung überlassene Grundstücke oder Wertpapiere stellen z. B. Verwaltungsvermögen dar. Aus dem Verwaltungsvermögen wird in mehreren Schritten das steuerpflichtige Verwaltungsvermögen ermittelt. Das steuerpflichtige Verwaltungsvermögen wird vom begünstigungsfähigen Vermögen abgezogen und ist voll der Erbschaftsteuer zu unterwerfen. Es sollte daher vor Unternehmensübertragungen – falls möglich – reduziert werden.

Die Verschonungen nach §§ 13a–c, 28a ErbStG können nur für das begünstigte LuF-Vermögen bzw. für das begünstigte Unternehmensvermögen gewährt werden. Für die Ermittlung des begünstigten Vermögens ist zunächst das im Unternehmensvermögen enthaltene Verwaltungsvermögen zu ermitteln und zu prüfen (§ 13b Abs. 4 ErbStG).

**Merke**

Hierbei sind die Verhältnisse im Besteuerungszeitpunkt maßgebend. Veränderungen hinsichtlich der Zuordnung zum Verwaltungsvermögen, die nach dem Besteuerungszeitpunkt beim Erwerber eintreten, sind – vorbehaltlich der Investitionsklausel nach § 13b Abs. 5 ErbStG – unbeachtlich.

Bei Beteiligungen an Personengesellschaften ist das Verwaltungsvermögen aus dem Gesamthandsvermögen und dem mitübertragenen Sonder-Betriebsvermögen zu berücksichtigen. Das Verwaltungsvermögen aus dem Gesamthandsvermögen ist dem Gesellschafter grundsätzlich nach dem Wert der Beteiligung des Gesellschafters am Gesamthandsvermögen zum gemeinen Wert des Gesamthandsvermögens (§ 97 Abs. 1a Nr. 1 BewG) der Gesellschaft zuzurechnen (R E 13b.12 Abs. 4 Satz 2 ErbStR).

Bei Anteilen an Kapitalgesellschaften ist das Verwaltungsvermögen nach dem Verhältnis aufzuteilen, das bei der Aufteilung des gemeinen Werts nach § 97 Abs. 1b BewG angewendet wurde (R E 13b.12 Abs. 4 Satz 4 ErbStR).

Wirtschaftsgüter des Verwaltungsvermögens sind mit ihrem gemeinen Wert oder ihrem festgestellten Wert anzusetzen.

| |
|---|
| • **Dritten zur Nutzung überlassene Grundstücke,** |
| • Anteile an **Kapitalgesellschaften mit einer Beteiligung von 25 % oder weniger,** |
| • **Kunstgegenstände** sowie sonstige typischerweise der privaten Lebensführung dienende Gegenstände, |
| • **Wertpapiere** und vergleichbare Forderungen, |
| • **Überbestand an Finanzmitteln.** |

**Tab. 10:** Übersicht Verwaltungsvermögen nach § 13b Abs. 4 ErbStG

### 3.9.3.1 Dritten zur Nutzung überlassene Grundstücke

Dritten zur Nutzung überlassene Grundstücke (z. B. ein vermietetes Mietwohngrundstück) gehören zum Verwaltungsvermögen (§ 13b Abs. 4 Nr. 1 ErbStG; vgl. R E 13b.13 ff. ErbStR). Die Überlassung kann entgeltlich oder ganz bzw. teilweise unentgeltlich erfolgen. Gehört nur ein Grundstücksteil zum Verwaltungsvermögen, ist der gemeine Wert des Grundstücks regelmäßig nach der Wohn- bzw. Nutzfläche aufzuteilen.

**Ausnahmen:**

- Grundstücke, die von einem gewerblichen Besitzunternehmen im Rahmen einer **Betriebsaufspaltung** an die Betriebsgesellschaft verpachtet werden (vgl. R E 13b.14 ErbStR); der Erblasser oder Schenker muss sowohl im überlassenden Betrieb als auch im nutzenden Betrieb allein oder zusammen mit anderen Gesellschaftern einen einheitlichen geschäftlichen Betätigungswillen durchsetzen können; die erbschaftsteuerrechtliche Regelung geht dabei über die ertragsteuerrechtliche Regelung hinaus; maßgebend ist der unmittelbare geschäftliche Betätigungswille sowie ein Übergang dieser Rechtstellung;
- Grundstücke des **Sonderbetriebsvermögens** (vgl. R E 13b.14 ErbStR); Voraussetzung ist, dass die Gesellschaft das Grundstück unmittelbar nutzt; eine Weiterüberlassung führt zu Verwaltungsvermögen; des Weiteren wird vorausgesetzt, dass die jeweilige Rechtsstellung auf den Erwerber übergeht;
- Grundstücke, die im Rahmen einer **Betriebsverpachtung** im Ganzen verpachtet sind (vgl. R E 13b.15 ErbStR); hierbei liegt kein Verwaltungsvermögen vor, wenn der Erbe, auf den der verpachtete Betrieb übergeht, bereits Pächter des Betriebs ist oder bei einer Schenkung unter Lebenden der Verpächter den Pächter im Zusammenhang mit einer unbefristeten Verpachtung durch eine letztwillige Verfügung oder eine rechtsgeschäftliche Verfügung als Erben eingesetzt hat;
- Grundstücksverpachtungen im **Konzern** i. S. d. § 4h EStG (vgl. R E 13b.16 ErbStR); die Voraussetzungen der Ausnahme werden damit tatbestandlich unmittelbar mit § 4h EStG ver-

knüpft; durch das Kreditzweitmarktförderungsgesetz wurde der Konzernbegriff des § 4h EStG mit Wirkung ab 01.01.2024 ertragsteuerrechtlich wesentlich enger gefasst; ein Betrieb gehört demnach nur noch zu einem Konzern, wenn er nach dem Rechnungslegungsstandard mit einem oder mehreren anderen Betrieben konsolidiert wird, d.h. in den Konzernabschluss einbezogen wird;

- Grundstücke bei **Wohnungsunternehmen** (vgl. R E 13b.17 ErbStR); ein solches liegt vor, wenn die Überlassung der Wohnungen im Rahmen eines wirtschaftlichen Geschäftsbetriebs (§ 14 AO) erfolgt und die Vermietung von Wohnungen den Hauptzweck des Betriebs ausmacht; das Vorliegen eines wirtschaftlichen Geschäftsbetriebs ist regelmäßig anzunehmen, wenn das Unternehmen mehr als 300 eigene Wohnungen hält;
- Grundstücke von **Beherbergungsbetrieben** (vgl. R E 13b.13 ErbStR), z.B. von Hotels, Pensionen oder Campingplätzen;

**Merke**

Nach dem BFH-Urteil vom 28.02.2024, II R 27/21, stellen im Rahmen eines Parkhausbetriebs Dritten zur Nutzung überlassene Parkplätze erbschaftsteuerrechtlich nicht begünstigtes Verwaltungsvermögen dar, selbst wenn hierbei zusätzlich andere gewerbliche Leistungen erbracht werden. Das Urteil wurde zusammen mit gleich lautenden Ländererlassen vom 19.11.2024 veröffentlicht. Es ist zu erwarten, dass gesetzliche Anpassungen des § 13b Abs. 4 Nr. 1 ErbStG zugunsten der Steuerpflichtigen erfolgen. Hierbei sollen die Rückausnahmen vom Verwaltungsvermögen auf Nutzungsüberlassungen, denen eine originär gewerbliche Tätigkeit immanent ist, ausgeweitet werden.

- Grundstücke, die vorrangig überlassen werden, um im Rahmen von **Lieferungsverträgen** dem Absatz von eigenen Erzeugnissen und Produkten zu dienen, z.B. verpachtete Grundstücke eines Mineralölunternehmens oder einer Brauerei (vgl. R E 13b.18 ErbStR);
- Grundstücke, die an Dritte zur **LuF-Nutzung** überlassen werden (vgl. R E 13b.19 ErbStR).

#### 3.9.3.2 Anteile an Kapitalgesellschaften bis zu einer Beteiligung von 25%

Zum Verwaltungsvermögen gehören auch Anteile an Kapitalgesellschaften bis zu einer Beteiligungsquote von 25% (§ 13b Abs. 4 Nr. 2 ErbStG; vgl. R E 13b.20 ErbStR). Der Sitz der Gesellschaft ist – wie die Funktion der Beteiligung – unerheblich. Entscheidend ist die Höhe der Beteiligung. Auch hier besteht die Möglichkeit des Poolings von Anteilen. Gleiches gilt für Anteile an Kapitalgesellschaften im Sonder-Betriebsvermögen.

#### 3.9.3.3 Kunstgegenstände und andere besondere Wirtschaftsgüter

Kunstgegenstände, Kunstsammlungen, wissenschaftliche Sammlungen, Bibliotheken und Archive, Münzen, Edelmetalle und Edelsteine, Briefmarkensammlungen, Oldtimer, Yachten, Segelflugzeuge sowie sonstige typischerweise der privaten Lebensführung dienende Gegenstände (Luxusgegenstände) stellen Verwaltungsvermögen dar, wenn der Handel mit diesen Gegenständen oder deren Herstellung oder Verarbeitung oder die entgeltliche Nutzungsüberlassung an Dritte nicht der Hauptzweck des Betriebs ist (§ 13b Abs. 4 Nr. 3 ErbStG; vgl. R E 13b.21 ErbStR).

### 3.9.3.4 Wertpapiere und vergleichbare Forderungen

Wertpapiere und vergleichbare Forderungen gehören grundsätzlich zum Verwaltungsvermögen (§ 13b Abs. 4 Nr. 4 ErbStG; vgl. R E 13b.22 ErbStR). Darunter fallen ausschließlich auf dem Markt gehandelte Wertpapiere.

**Beispiele**

Aktien, andere Anteile an in- oder ausländischen juristischen Personen, Pfandbriefe, Schuldbuchforderungen, Geldmarktfonds, Festgeldfonds

### 3.9.3.5 Überbestand an Finanzmitteln

Zum Verwaltungsvermögen gehört der gemeine Wert des nach Abzug des gemeinen Werts der Schulden verbleibenden Bestands an Zahlungsmitteln, Geschäftsguthaben, Geldforderungen und anderen Forderungen (Finanzmittel), soweit er 15% des anzusetzenden Werts des Unternehmens übersteigt (Überbestand an Finanzmitteln, § 13b Abs. 4 Nr. 5 ErbStG; vgl. R E 13b.23 ErbStR).

| | |
|---|---|
| | Wert der Finanzmittel (ohne junge Finanzmittel) |
| ./. | Wert der Schulden |
| = | Saldo |
| ./. | Sockelbetrag i. H. v. 15% des Werts des Unternehmensvermögens |
| = | verbleibender Wert Finanzmittel, mindestens 0 € |

**Schritt 1: Ermittlung Finanzmittel**

Hierzu zählen Bargeld, Bankguthaben, Forderungen aus Lieferungen und Leistungen, Forderungen an verbundene Unternehmen, Ansprüche aus Rückdeckungsversicherungen, Forderungen bei Personengesellschaften (ohne verrechnete Finanzmittel aus Altersversorgungsverpflichtungen).

**Merke**

**Geleistete Anzahlungen** auf Wirtschaftsgüter, die kein Verwaltungsvermögen sind, stellen nach dem BFH-Urteil vom 01.02.2023, II R 36/20, und den gleich lautenden Ländererlassen vom 06.03.2024 keine Finanzmittel gem. § 13b Abs. 4 Nr. 5 ErbStG dar.

**Schritt 2: Ermittlung der Schulden und Abzug der Schulden von den Finanzmitteln**

Hierzu zählen alle Schulden, die ertragsteuerlich zum Betriebsvermögen gehören (inkl. erhaltene Anzahlungen, ohne verrechnete Schulden aus Altersversorgungsverpflichtungen).

**Schritt 3: Abzug des Sockelbetrags von 15%**

Ist der Saldo der Finanzmittel und der Schulden positiv, dann können bei Vorliegen eines gewerblichen Hauptzwecks noch 15% des Werts des Unternehmensvermögens abgezogen werden.

**Schritt 4: Überbestand von Finanzmitteln als Verwaltungsvermögen**
Verbleibt im Rahmen des Finanzmitteltests nach Abzug der Schulden und des Sockelbetrags von 15% ein positiver Wert der Finanzmittel, zählen sie in diesem Umfang zum Verwaltungsvermögen. Ist der Saldo der Finanzmittel abzgl. der Schulden negativ, dann liegt insoweit kein Verwaltungsvermögen vor. Die verbleibenden Schulden können anteilig vom sonstigen Verwaltungsvermögen abgezogen werden.

**Beispiel**

Der gemeine Wert des Betriebsvermögens beträgt 1 Mio. €. Darin enthalten sind Finanzmittel i. H. v. 500.000 € und Schulden i. H. v. 300.000 €. Wie hoch ist das Verwaltungsvermögen aus Finanzmitteln?

**Lösung**
Nach dem Schuldenabzug von den Finanzmitteln verbleiben 200.000 €. Hiervon werden 15% des Werts des Betriebsvermögens (150.000 €) nicht als Verwaltungsvermögen eingeordnet. Es verbleiben 50.000 € Überbestand an Finanzmitteln als Verwaltungsvermögen.

### 3.9.3.6 Junge Finanzmittel
Junge Finanzmittel sind der positive Saldo der innerhalb von zwei Jahren vor dem Zeitpunkt der Entstehung der Steuer eingelegten und der entnommenen Finanzmittel (§ 13b Abs. 4 Nr. 5 Satz 2 ErbStG). Dies gilt unabhängig davon, ob die Finanzmittel im Besteuerungszeitpunkt noch vorhanden sind. Die Begriffe Einlage und Entnahme sind grundsätzlich nach den Grundsätzen des Einkommensteuerrechts bzw. Körperschaftsteuerrechts zu beurteilen.

**Beratungshinweis**

Durch gewisse Umwandlungsvorgänge (z. B. Verschmelzung, Abspaltung, Einbringung von Unternehmen) gelten sämtliche Finanzmittel des bisherigen Unternehmens als in das neue Unternehmen eingelegt und stellen bis zu zwei Jahre nach dem Vorgang ggf. junge Finanzmittel dar.

Junge Finanzmittel sind stets **steuerpflichtiges Verwaltungsvermögen** und im Rahmen des Finanzmitteltests vom Wert der Finanzmittel abzuziehen. Junge Finanzmittel sind nicht in die Schuldenverrechnung mit dem Verwaltungsvermögen einzubeziehen (§ 13b Abs. 8 Satz 1 ErbStG) und stellen kein unschädliches Verwaltungsvermögen dar (§ 13b Abs. 7 Satz 2 ErbStG).

### 3.9.3.7 Junges Verwaltungsvermögen
Verwaltungsvermögen i. S. d. § 13b Abs. 4 Nr. 1–4 ErbStG, das dem Betrieb im Besteuerungszeitpunkt weniger als zwei Jahre zuzurechnen war, stellt junges Verwaltungsvermögen dar (§ 13b Abs. 7 Satz 2 ErbStG; vgl. R E 13b.27 ErbStR).

**Beratungshinweise**

1. Junges Verwaltungsvermögen kann bei Veräußerungen oder Einlagen von Verwaltungsvermögen an verbundene Unternehmen oder bei einem vorangegangenen Aktivtausch entstehen, wobei es auf die Herkunft der Mittel nicht ankommt, z. B. bei regelmäßigen Veräußerungen und Käufen innerhalb eines Aktiendepots.
2. Junges Verwaltungsvermögen kann auch bei gewissen Umwandlungsvorgängen (z. B. Verschmelzung, Abspaltung, Einbringung von Unternehmen) entstehen, wenn Verwaltungsvermögen auf den neuen Rechtsträger übergeht.

Junges Verwaltungsvermögen ist stets **steuerpflichtiges Verwaltungsvermögen**. Es ist nicht in die Schuldenverrechnung mit dem Verwaltungsvermögen einzubeziehen (§ 13b Abs. 8 Satz 1 ErbStG) und stellt kein unschädliches Verwaltungsvermögen dar (§ 13b Abs. 7 Satz 2 ErbStG).

Als Nettowert des Verwaltungsvermögens ist mindestens der gemeine Wert des jungen Verwaltungsvermögens und der jungen Finanzmittel anzusetzen (§ 13b Abs. 8 Satz 3 ErbStG).

### 3.9.3.8 Berücksichtigung von Altersversorgungsverpflichtungen

Teile des begünstigungsfähigen Unternehmensvermögens, die der Erfüllung von Schulden aus Altersversorgungsverpflichtungen dienen und dem Zugriff von fremden Gläubigern entzogen sind, werden bis zur Höhe des gemeinen Werts der Schulden aus Altersversorgungsverpflichtungen nicht als Verwaltungsvermögen bzw. Finanzmittel behandelt (§ 13b Abs. 3 ErbStG; vgl. R E 13b.11 ErbStR).

**Beispiele**

CTA-Strukturen; Rückdeckungsversicherungen, Wertpapierdepot, Mietwohngrundstück (wenn diese an die Berechtigten insolvenzfest abgetreten bzw. verpfändet werden).

Bei Altersversorgungsverpflichtungen des Unternehmens sind die Wirtschaftsgüter des Verwaltungsvermögens bzw. der Finanzmittel sowie die entsprechenden Schulden gleichermaßen zu kürzen. Die Kürzung ist begrenzt auf die Höhe des gemeinen Werts der Altersversorgungsverpflichtungen.

**Merke**

Damit werden bei der Feststellung des Verwaltungsvermögens, der Finanzmittel und der Schulden die entsprechenden Werte nach Aussonderung von Altersversorgungsverpflichtungen berücksichtigt.

### 3.9.3.9 Berücksichtigung von Schulden

Die im Betriebsvermögen vorhandenen Schulden zum Bewertungsstichtag sind zum einen beim Finanzmitteltest zu berücksichtigen und zum anderen bei der Ermittlung des Nettowerts des Verwaltungsvermögens anteilig vom Verwaltungsvermögen abzuziehen (§ 13b Abs. 6 und 8 ErbStG; vgl. R E 13b.25 und 13b.28 ErbStR).

Zu den Schulden gehören:

- alle Schulden, die ertragsteuerlich zum Betriebsvermögen gehören (inkl. erhaltene Kundenanzahlungen),
- Rückstellungen, auch wenn ein steuerrechtliches Passivierungsverbot besteht (z. B. Drohverlustrückstellungen),
- Darlehenskonten der Gesellschafter, falls diese Fremdkapital darstellen.

**Merke**

Verrechnete Schulden aus Altersversorgungsverpflichtungen, Rechnungsabgrenzungsposten und Rücklagen gehören nicht zu den zu berücksichtigenden Schulden.

Darüber hinaus ist eine Schuldenberücksichtigung ausgeschlossen, soweit der zum Bewertungsstichtag vorhandene Schuldenstand den durchschnittlichen Schuldenstand der letzten drei Jahre vor dem Zeitpunkt der Steuerentstehung übersteigt, falls keine betriebliche Veranlassung für den erhöhten Schuldenstand besteht. Es ist daher ein Vergleich der tatsächlichen Schulden zum Bewertungsstichtag mit den durchschnittlichen Schulden der abgelaufenen drei Wirtschaftsjahre erforderlich.

**Merke**

Eine Begrenzung der zu berücksichtigenden Schulden erfolgt nicht, soweit die Erhöhung des Schuldenstands zum Bewertungsstichtag durch die Betriebstätigkeit veranlasst. Davon ist auszugehen, wenn Schulden durch den laufenden Geschäftsbetrieb veranlasst sind.

### 3.9.4 Prüfung übermäßiges Verwaltungsvermögen (90 %-Test)

Der 90%-Verwaltungsvermögenstest (§ 13b Abs. 2 Satz 2 ErbStG; vgl. R E 13b.10 ErbStR) ist durch das Erbschaftsteuer-Finanzamt nach den erfolgten Feststellungen des Betriebs-Finanzamts durchzuführen. Besteht das begünstigungsfähige Vermögen zu mindestens 90% aus Verwaltungsvermögen, ist es von jeder Verschonung ausgenommen (übermäßiges Verwaltungsvermögen).

**Merke**

Der 90%-Test ist vorab durchzuführen, da bei Nichtbestehen die weiteren Prüfschritte nicht mehr erfolgen können und damit das gesamte Unternehmensvermögen zu versteuern ist.

Der BFH hatte mit Urteil vom 13.09.2023, II R 49/21, entschieden, dass bei Handelsunternehmen im Rahmen des sog. 90%-Tests die Schulden von den Finanzmitteln abzuziehen sind. Nach der geänderten Verwaltungsauffassung in den gleich lautenden Ländererlassen vom 19.06.2024 ist das Urteil auf alle Arten des begünstigungsfähigen Vermögens i. S. d. § 13b Abs. 1 ErbStG und sowohl bei der Schenkung- als auch bei der Erbschaftsteuer anzuwenden. Allerdings muss das Vermögen des Betriebs seinem Hauptzweck nach einer gewerblichen Tätigkeit dienen.

Es gilt folgendes **Berechnungsschema:**

| | |
|---|---|
| | Festgestellter Wert Finanzmittel (einschl. junge Finanzmittel) |
| ./. | festgestellter Wert der jungen Finanzmittel |
| = | Zwischenwert I, mindestens 0 € |
| ./. | festgestellter Wert der Schulden |
| = | Zwischenwert II, mindestens 0 € |
| + | festgestellter Wert der jungen Finanzmittel |
| = | anzusetzender Wert der Finanzmittel |
| + | festgestellter Wert Verwaltungsvermögen (einschl. junges Verwaltungsvermögen) |
| = | Verwaltungsvermögen für den 90 %-Test |

| | |
|---|---|
| | Verwaltungsvermögen für den 90 %-Test |
| ./. | festgestellter Wert des (Anteils) Betriebsvermögens |
| = | Verwaltungsvermögen ≥ 90 %, dann insgesamt kein begünstigtes Vermögen |

**Beratungshinweise**

1. Die Regelungen der Ländererlasse sind für alle offenen Fälle anzuwenden.
2. Es ist vorgesehen, eine gesetzliche Anpassung des § 13b Abs. 2 Satz 2 ErbStG unter Berücksichtigung der aktuellen BFH- und Verwaltungsauffassung vorzunehmen.

### 3.9.5 Finanzmitteltest

Der Finanzmitteltest (§ 13b Abs. 4 Nr. 5 ErbStG) ist nach Bestehen des 90 %-Tests durchzuführen. Hierbei gehört ein Überbestand von Finanzmitteln über die Schulden abzgl. eines Sockelbetrags von 15 % des Unternehmenswerts zum Verwaltungsvermögen. Eine konkretere Darstellung ist unter Abschnitt 3.9.3.5 ersichtlich.

Bei einem Überbestand von Finanzmitteln können keine Schulden mehr vom übrigen Verwaltungsvermögen abgezogen werden. Bei einem Überhang der Schulden über die Finanzmittel können die verbleibenden Schulden anteilig vom übrigen Verwaltungsvermögen abgezogen werden.

### 3.9.6 Ermittlung Nettowert des Verwaltungsvermögens

Die Ermittlung des Nettowerts des Verwaltungsvermögens ist nach dem Finanzmitteltest durchzuführen. Hierbei sind vom Wert des Verwaltungsvermögens die verbleibenden Schulden anteilig abzuziehen (§ 13b Abs. 6 ErbStG; vgl. R E 13b.25 ErbStR).

**Merke**

Hierbei sind nur die Schulden, die nach Verrechnung mit Wirtschaftsgütern der Altersversorgung und nach Durchführung des Finanzmitteltests noch verbleiben, anteilig vom Verwaltungsvermögen abzuziehen.

Der quotale Schuldenabzug hat zur Folge, dass bei Verwaltungsvermögen Schulden entgegen der wirtschaftlichen Zuordnung nur in dem Verhältnis abgezogen werden können, in welchem das Verwaltungsvermögen zum gemeinen Wert des Betriebs insgesamt steht. Eine Saldierung mit Schulden findet für junge Finanzmittel und junges Verwaltungsvermögen nicht statt (§ 13b Abs. 8 Satz 1 ErbStG).

**Aufteilungsmaßstab:**

$$\frac{\text{verbleibende Schulden} \times \text{Saldo Verwaltungsvermögen}}{\text{Wert des Unternehmensvermögens} + \text{verbleibende Schulden}} = \text{anteilig verbleibende Schulden}$$

Durch Abzug der anteilig verbleibenden Schulden vom Verwaltungsvermögen (ohne junges Verwaltungsvermögen und junge Finanzmittel) ergibt sich der Nettowert des Verwaltungsvermögens. Dieser ist mindestens mit den Werten des jungen Verwaltungsvermögens und der jungen Finanzmittel anzusetzen (§ 13b Abs. 8 Satz 3 ErbStG).

## Beispiel

Der Wert des Gewerbebetriebs beträgt 1 Mio. €. Verwaltungsvermögen ist i. H. v. 500.000 € und verbleibenden Schulden sind i. H. v. 300.000 € vorhanden. In welcher Höhe können die Schulden vom Verwaltungsvermögen abgezogen werden?

**Lösung**

Der anteiligen verbleibenden Schulden ermitteln sich wie folgt:

$$\frac{\text{verbleibende Schulden 300.000 €} \times \text{Saldo Verwaltungsvermögen 500.000 €}}{\text{Wert Betrieb 1 Mio. €} + \text{verbleibende Schulden 300.000 €}}$$

$$= \text{anteilig verbleibende Schulden 115.385 €}$$

Die Schulden des Betriebs von 300.000 € können damit i. H. v. 115.385 € vom Verwaltungsvermögen von 500.000 € abgezogen werden. Der Nettowert des Verwaltungsvermögens beträgt daher 384.615 €.

### 3.9.7 Unschädliches Verwaltungsvermögen von 10%

Abschließend ist der Nettowert des Verwaltungsvermögens um das unschädliche Verwaltungsvermögen (10%) zu kürzen (§ 13b Abs. 7 ErbStG; vgl. R E 13b.26 ErbStR). Die Kürzung ist für junges Verwaltungsvermögen und für junge Finanzmittel nicht möglich.

**Merke**

Dieses quasi begünstigte Vermögen von 10% stellt eine Art Freibetrag für Verwaltungsvermögen dar, denn insoweit nimmt es als Teil des begünstigten Vermögens an den gesetzlich vorgesehenen Verschonungen teil.

| | |
|---|---|
| | Wert des Unternehmensvermögens |
| ./. | Nettowert des Verwaltungsvermögens |
| ./. | Wert des jungen Verwaltungsvermögens |
| ./. | Wert der jungen Finanzmittel |
| = | **Bemessungsgrundlage für unschädliches Verwaltungsvermögen** |

| | |
|---|---|
| | Nettowert des Verwaltungsvermögens |
| ./. | Bemessungsgrundlage unschädliches Verwaltungsvermögen × 10% |
| = | **gekürzter Nettowert des Verwaltungsvermögens** |

**Beispiel**

Der Wert des Unternehmensvermögens beträgt 10 Mio. € und der Nettowert des Verwaltungsvermögens 1,5 Mio. €. Wie hoch ist das unschädliche Verwaltungsvermögen und das begünstigte Vermögen?

**Lösung**

| | |
|---|---|
| Betriebsvermögen | 10,0 Mio. € |
| abzgl. Nettowert des Verwaltungsvermögens | ./. 1,5 Mio. € |
| Bemessungsgrundlage unschädliches Verwaltungsvermögen | 8,5 Mio. € |
| davon 10% | 0,85 Mio. € |
| steuerpflichtiges Verwaltungsvermögen: 1,5 Mio. € ./. 0,85 Mio. € = | 0,65 Mio. € |
| insgesamt begünstigt: 10 Mio. € ./. 0,65 Mio. € = | 9,35 Mio. € |

### 3.9.8 Ermittlung des begünstigten Vermögens

Das begünstigte Vermögen ermittelt sich durch Abzug des steuerpflichtigen Verwaltungsvermögens vom begünstigungsfähigen Vermögen (§ 13b Abs. 2 Satz 1 ErbStG; vgl. R E 13b.7 und 13b.9 ErbStR). Der Wert des steuerpflichtigen Verwaltungsvermögens ergibt sich aus der Summe des um 10 % gekürzten Nettowerts des Verwaltungsvermögens zzgl. der Werte des jungen Verwaltungsvermögens und der jungen Finanzmittel.

**Berechnung des steuerpflichtigen Verwaltungsvermögens**

| | |
|---|---|
| | gekürzter Nettowert des Verwaltungsvermögens |
| + | Wert des jungen Verwaltungsvermögens |
| + | Wert der jungen Finanzmittel |
| = | **steuerpflichtiges Verwaltungsvermögen (nicht begünstigtes Vermögen)** |

**Berechnung des begünstigten Vermögens**

| | |
|---|---|
| | Wert des Unternehmensvermögens |
| ./. | Wert des steuerpflichtigen Verwaltungsvermögens |
| = | **begünstigtes Vermögen** |

### Beispiel

Der Unternehmenswert beträgt 2,5 Mio. €; der Wert des jungen Verwaltungsvermögens beträgt 300.000 €; der ermittelte gekürzte Nettowert des Verwaltungsvermögens beträgt 200.000 €.

**Lösung**

Der Wert des steuerpflichtigen Verwaltungsvermögens beträgt 500.000 € (junges Verwaltungsvermögen 300.000 € zzgl. gekürzter Nettowert des Verwaltungsvermögens 200.000 €). Vom Unternehmenswert von 2,5 Mio. € ist der steuerpflichtige Wert des Verwaltungsvermögens von 500.000 € abzuziehen, sodass das begünstigte Vermögen 2 Mio. € beträgt.

### 3.9.9 Verschonungsmöglichkeiten für Unternehmensvermögen

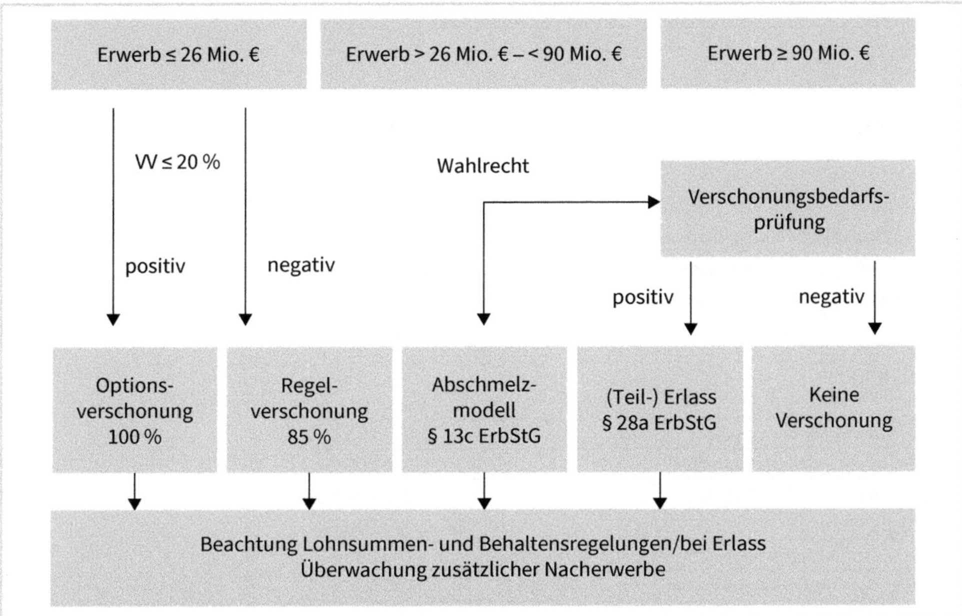


**Abb. 8:** Verschonungsmöglichkeiten §§ 13a, 13c und 28a ErbStG

#### 3.9.9.1 Regelverschonung von 85 %

Begünstigtes Vermögen i.S.d. § 13b Abs. 2 ErbStG bleibt bei der Regelverschonung zu 85% (Verschonungsabschlag) steuerfrei, wenn der Erwerb begünstigten Vermögens insgesamt 26 Mio. € nicht übersteigt (§ 13a Abs. 1 ErbStG; vgl. R E 13a.1–3 ErbStR).

Für den verbleibenden Teil des begünstigten Vermögens von 15% kann ein Abzugsbetrag (§ 13a Abs. 2 ErbStG) bis zu 150.000 € abgezogen werden. Der Abzugsbetrag von 150.000 € verringert sich, soweit der Wert dieses Vermögens insgesamt die Wertgrenze von 150.000 € übersteigt, um 50% des diese Wertgrenze übersteigenden Betrags.

Umfasst das auf einen Erwerber übertragene begünstigungsfähige Vermögen mehrere selbstständig zu bewertende wirtschaftliche Einheiten einer Vermögensart (z.B. mehrere Gewerbebetriebe) oder mehrere Arten begünstigungsfähigen Vermögens (LuF-Vermögen, Betriebsvermögen, Anteile an Kapitalgesellschaften), sind die darauf jeweils entfallenden Werte des begünstigten Vermögens vor der Anwendung der Verschonungen nach §§ 13a, 13c oder 28a ErbStG grundsätzlich zusammenzurechnen.

**Merke**

Zur Verhinderung der Umgehung der Größenschwelle erfolgt eine Zusammenrechnung der Erwerbe, die eine Person innerhalb von zehn Jahren von derselben Person erhält.

### Beispiel

S erhält von seinem Vater V am 01.01.2024 dessen Einzelunternehmen im Wert von 2 Mio. € geschenkt, das i. H. v. 1,8 Mio. € aus begünstigtem Vermögen und zu 200.000 € aus steuerpflichtigem Verwaltungsvermögen besteht. Wie hoch ist das steuerpflichtige Betriebsvermögen nach Inanspruchnahme der Regelverschonung?

**Lösung**

| | |
|---|---|
| Begünstigtes Vermögen | 1.800.000 € |
| Verschonungsabschlag 85 % | ./. 1.530.000 € |
| verbleibender Wert 15 % | 270.000 € |
| Abzugsbetrag | ./. 90.000 € |
| steuerpflichtiges begünstigtes Betriebsvermögen | 180.000 € |
| zzgl. steuerpflichtiges Verwaltungsvermögen | 200.000 € |
| steuerpflichtiges Betriebsvermögen | 380.000 € |

**Nebenrechnung Abzugsbetrag:**

| | | |
|---|---|---|
| Abzugsbetrag | | 150.000 € |
| verbleibender Wert 15 % | 270.000 € | |
| abzgl. Abzugsbetrag | ./. 150.000 € | |
| Unterschiedsbetrag | 120.000 € | |
| davon 50 % | | ./. 60.000 € |
| Verbleibender Abzugsbetrag | | 90.000 € |

### 3.9.9.2 Optionsverschonung von 100 %

Begünstigtes Vermögen i. S. d. § 13b Abs. 2 ErbStG kann bei der Optionsverschonung zu 100 % (Verschonungsabschlag) steuerfrei bleiben, wenn der Erwerb begünstigten Vermögens insgesamt 26 Mio. € nicht übersteigt (§ 13a Abs. 10 ErbStG; vgl. R E 13a.21 ErbStR).

Voraussetzung für die Gewährung der Optionsverschonung ist, dass das begünstigungsfähige Vermögen (§ 13b Abs. 1 ErbStG) nicht zu mehr als 20 % aus Verwaltungsvermögen besteht und ein unwiderruflicher Antrag gestellt wird. Der Antrag ist bis zum Eintritt der materiell-rechtlichen Bestandskraft der Festsetzung der Erbschaft- oder Schenkungsteuer zu stellen.

**Verhältnis:**

$$\frac{\text{Summe Werte Verwaltungsvermögen nach § 13b Abs. 3 und 4 ErbStG}}{\text{gemeiner Wert Betriebs}}$$

Hierbei wird das Verwaltungsvermögen nach Verrechnung mit Altersversorgungsverpflichtungen und nach dem Finanzmitteltest berücksichtigt.

Nach dem BFH-Urteil vom 26.07.2022, II R 25/20, und den gleich lautenden Ländererlassen vom 22.12.2023 kann bei einer einheitlichen Schenkung von mehreren wirtschaftlichen Einheiten des begünstigten Unternehmensvermögens – entgegen der bisherigen Verwaltungsauffassung – die Erklärung zur Optionsverschonung für jede wirtschaftliche Einheit gesondert abgegeben werden.

**Beratungshinweise**

1. Wurde die Erklärung zur Optionsverschonung für eine wirtschaftliche Einheit abgegeben, die die Anforderungen an die Optionsverschonung nicht erfüllt, ist für diese wirtschaftliche Einheit auch nicht die Regelverschonung zu gewähren, selbst wenn deren Voraussetzungen erfüllt wären. Die Gewährung der Regelverschonung für die einzelne wirtschaftliche Einheit setzt daher voraus, dass der Erwerber für diese keine Erklärung zur Optionsverschonung abgegeben hat.
2. Die Neuregelungen der gleichlautenden Ländererlasse vom 22.12.2023 gelten für Anträge auf Optionsverschonung nach dem 24.01.2024.
3. Es erscheint sinnvoll, den unwiderruflichen Antrag auf Optionsverschonung möglichst weit hinauszuziehen (bis materiell-rechtliche Bestandskraft des ErbSt-/SchSt-Bescheids möglich). Die ErbSt-/SchSt-Festsetzung sollte ggf. unter dem Vorbehalt der Nachprüfung ergehen bzw. per Einspruch angegriffen werden, um den Fall offen zu halten und den Antrag auf Optionsverschonung zu einem späteren Zeitpunkt stellen zu können.

### 3.9.9.3 Verschonungen bei Erwerben zwischen 26 Mio. € und 90 Mio. €

Die Regelverschonung von 85% bzw. die Optionsverschonung von 100% sind ausgeschlossen, wenn der Wert des erworbenen begünstigten Vermögens den Wert von 26 Mio. € überschreitet (**Schwellenwert,** § 13a Abs. 1 Satz 1 und 2 ErbStG).

Bei einem Wert des Erwerbs von mehr als 26 Mio. € bis unter 90 Mio. € kann wahlweise ein Abschmelzen der Verschonung i. S. d. § 13c ErbStG oder eine Verschonung nach § 28a ErbStG in Form eines Steuererlasses im Rahmen einer Verschonungsbedarfsprüfung erfolgen.

**Merke**

Zur Prüfung des Schwellenwerts von 26 Mio. € sind mehrere innerhalb von zehn Jahren von derselben Person angefallene Erwerbe begünstigten Vermögens zusammenzurechnen. Dies soll verhindern, dass der Schwellenwert durch zeitlich gestaffelte Übertragungen mehrmals ausgenutzt werden kann.

**a) Abschmelzmodell**

Bei Überschreiten des Schwellenwerts von 26 Mio. € ist nach dem Abschmelzmodell des § 13c ErbStG (vgl. R E 13c.1–5 ErbStR) die Regel- und die Optionsverschonung mit der Maßgabe anzuwenden, dass sich auf Antrag des Erwerbers der Verschonungsabschlag von 85% bzw. 100% um jeweils einen Prozentpunkt für jede vollen 750.000 € verringert, die der Wert des begünstigten Vermögens den Schwellenwert von 26 Mio. € übersteigt.

**Merke**

Der Erwerber kann den **unwiderruflichen** Antrag beim Erbschaftsteuer-Finanzamt bis zum Eintritt der materiellen Bestandskraft schriftlich stellen. Der Antrag kann insgesamt nur einheitlich für alle Arten des erworbenen begünstigungsfähigen Vermögens gestellt werden.

**b) Verschonungsbedarfsprüfung**

Überschreitet der Erwerb von begünstigtem Vermögen den Schwellenwert von 26 Mio. €, ist die auf das begünstigte Vermögen entfallende Steuer auf Antrag des Erwerbers zu erlassen, soweit er nachweist, dass er persönlich nicht in der Lage ist, die Steuer aus seinem verfügbaren Vermögen zu begleichen (Verschonungsbedarfsprüfung, § 28a ErbStG; vgl. R E 28a.1–5 ErbStR).

Hierbei handelt es sich um eine Maßnahme des Erhebungsverfahrens. Die für das gesamte erworbene Vermögen zu erhebende Steuer wird zunächst voll umfänglich festgesetzt und danach auf das begünstigte und nicht begünstigte Vermögen aufgeteilt.

**Merke**

Der Erwerber kann den Antrag beim Erbschaftsteuer-Finanzamt bis zum Eintritt der materiellen Bestandskraft schriftlich stellen. Der Antrag kann insgesamt nur einheitlich für alle Arten des erworbenen begünstigungsfähigen Vermögens gestellt werden und ist im Gegensatz zum Antrag nach § 13c ErbStG **widerruflich.**

Im Rahmen der Verschonungsbedarfsprüfung kommt ein Erlass nur für den Teil der auf das begünstigte Vermögen entfallenden Steuer in Betracht, den der Erwerber nicht aus seinem verfügbaren Vermögen begleichen kann. Er muss dafür dem Finanzamt u. a. sein Privatvermögen offenlegen.

Zum verfügbaren Vermögen, das für die Entrichtung der Erbschaftsteuer eingesetzt werden muss, gehören 50 % der Summe der gemeinen Werte des

- mit der Erbschaft oder Schenkung zugleich übergegangenen Vermögens, das nicht zum begünstigten Vermögen gehört und
- dem Erwerber im Zeitpunkt der Entstehung der Steuer gehörenden Vermögens, das nicht zum begünstigten Vermögen gehören würde.

**Beispiele verfügbares Vermögen**

Anteile an Kapitalgesellschaften ≤ 25 %, ausländisches Betriebsvermögen in einem Drittstaat, im Betriebsvermögen gebundene nicht begünstigte Mittel (z. B. Wertpapiere, Grundstücke als Verwaltungsvermögen), Privatvermögen, wie z. B. Grundstücke, Kapitalvermögen, sonstiges Vermögen.

### 3.9.9.4 Verschonungen bei Erwerben ≥ 90 Mio. €

Bei Erwerben ab 90 Mio. € ist grundsätzlich keine Begünstigung für den gesamten Erwerb möglich. Bei entsprechendem Antrag kommt nur noch der (Teil-)Erlass nach Verschonungsbedarfsprüfung in Betracht. Die Anwendung des Abschmelzmodells scheidet aus.

## 3.10 Lohnsummenregelung

**Auf den Punkt gebracht**

Das Erfüllen der Voraussetzungen der Lohnsummenregelung ist neben dem Erfüllen der Behaltensregelungen für den Erhalt der Regel- bzw. der Optionsverschonung innerhalb der jeweiligen Behaltensfrist nach dem Erwerb von Todes wegen bzw. durch Schenkung von Bedeutung. Hierbei ist für das übertragene Unternehmen aus den Lohnsummen der letzten fünf abgelaufenen Wirtschaftsjahre eine durchschnittliche Ausgangslohnsumme zu bilden. Je nach Anzahl der Beschäftigten ist in der Behaltenszeit eine gewisse Mindestlohnsumme zu erreichen. Falls diese nicht erreicht wird, erfolgt eine Nachversteuerung.

Eine Voraussetzung für den Erhalt der Verschonungen nach §§ 13a, 13c und 28a ErbStG ist, dass die Summe der maßgebenden jährlichen Lohnsummen eines Unternehmens innerhalb von fünf bzw. sieben Jahren nach dem Erwerb (Lohnsummenfrist) insgesamt einen festgelegten Prozentsatz der Ausgangslohnsumme (Mindestlohnsumme) nicht unterschreitet (§ 13a Abs. 3 ErbStG; vgl. R E 13a.4-10 ErbStR).

Unterschreitet die Summe der maßgebenden Lohnsummen den erforderlichen Prozentsatz der Ausgangslohnsumme, so kommt es im Umfang des Unterschreitens zur Versagung des bisher gewährten Verschonungsabschlags (Nachversteuerung).

Ausgangslohnsumme ist die durchschnittliche Lohnsumme der letzten fünf vor dem Besteuerungszeitpunkt endenden Wirtschaftsjahre.

**Ausnahme:** Ausgenommen von der Lohnsummenregelung sind Betriebe (inkl. Beteiligungen), deren Ausgangslohnsumme 0 € beträgt (Ein-Mann-Betrieb) oder die im Besteuerungszeitpunkt nicht mehr als fünf Beschäftigte haben (§ 13a Abs. 3 Satz 3 ErbStG).

Bei der einzuhaltenden Mindestlohnsumme ist ab dem 01.07.2016 – abhängig von der Anzahl der Beschäftigten – wie folgt zu unterscheiden:

| Beschäftigte | Lohnsummenfrist und Mindestlohnsumme | |
|---|---|---|
| | Regelverschonung 5 Jahre | Optionsverschonung 7 Jahre |
| > 15 | 400 % | 700 % |
| > 10–15 | 300 % | 565 % |
| > 5–10 | 250 % | 500 % |
| 0–5 | Keine Lohnsummenbindung | |

**Tab. 11:** Mindestlohnsumme in Bezug auf Beschäftigte und Verschonungsart

### 3.10.1 Einzubeziehende Beschäftigte

**Bei der Beschäftigtenzahl zählen mit:** Arbeitnehmer, Teilzeitkräfte, geringfügig Beschäftigte (Minijobber), Gesellschafter-Geschäftsführer GmbH, Vorstand AG, unentgeltlich mitarbeitende Familienangehörige.

**Merke**

Einzubeziehen sind damit alle beschäftigten Arbeitnehmer unabhängig von ihrem sozialversicherungsrechtlichen Status. Damit ist auch ein Teilzeitbeschäftigter als ein Beschäftigter zu berücksichtigen.

Bei der Ermittlung der Beschäftigten bleiben folgende Personen **außer Betracht** (§ 13a Abs. 3 Satz 7 ErbStG):

- Beschäftigte in Mutterschutz, Auszubildende, Bezieher von Krankengeld, Bezieher von Elterngeld,
- Einzelunternehmer, Gesellschafter-(Geschäftsführer) einer Personengesellschaft (mit oder ohne schuldrechtlichen Vertrag),
- Beschäftigte, die nicht ausschließlich oder überwiegend in dem Betrieb tätig sind (Saisonarbeiter), darunter fallen auch Leiharbeitnehmer, freie Mitarbeiter und Praktikanten, wenn diese nur kurzfristig im Betrieb eingesetzt werden.

Bei unmittelbaren und mittelbaren Beteiligungen des übertragenen Unternehmens sind die Lohnsummen und die Anzahl der Beschäftigten von Kapitalgesellschaften mit einer Beteiligung von mehr als 25 % im Inland/in der EU/im EWR und von entsprechenden Personengesellschaften (ohne Mindestbeteiligung) nach der quotalen Beteiligungshöhe einzubeziehen (§ 13a Abs. 3 Satz 11 und 12 ErbStG).

### 3.10.2 Umfang der Lohnsummen

Die Lohnsumme umfasst alle Vergütungen (Löhne, Gehälter und andere Bezüge sowie Vorteile, wie z. B. Sachleistungen), die im maßgebenden Wirtschaftsjahr an die auf den Lohn- und Gehaltslisten erfassten Beschäftigten gezahlt werden (§ 13a Abs. 3 Satz 8–10 ErbStG; vgl. R E 13a.5 ErbStR).

Vergütungen an solche Arbeitnehmer, die nicht ausschließlich oder überwiegend im Betrieb tätig sind (z. B. Leiharbeitnehmer oder Saisonarbeitskräfte), bleiben außer Ansatz.

**Beratungshinweise**

1. Im Allgemeinen ist es aus Vereinfachungsgründen nicht zu beanstanden, wenn bei inländischen Unternehmen bei der jährlichen Lohnsumme von dem in der Gewinn- und Verlustrechnung ausgewiesenen Aufwand für Löhne und Gehälter ausgegangen wird.
2. Das dem Arbeitgeber ausgezahlte Kurzarbeitergeld ist von diesem Aufwand nicht abzuziehen. Es ist auch dann bei der Lohnsumme zu berücksichtigen, wenn es als durchlaufender Posten und nicht über das Lohn- und Gehaltsaufwandskonto gebucht wurde.

## 3.11 Behaltensregelungen

**Auf den Punkt gebracht**

Die Verschonungen der §§ 13a–c und 28a ErbStG fallen mit Wirkung für die Vergangenheit weg, soweit der Erwerber innerhalb der Frist von fünf bzw. sieben Jahren gegen die Behaltensregelungen verstößt (z. B. Betriebsaufgabe). Die Gründe für einen Verstoß sind unbeachtlich. Das Erfüllen der Behaltensfrist ist für jeden Erwerber gesondert zu prüfen. In der Praxis besteht daher nach Gewährung der Verschonungen ein gewisses Nachsteuerrisiko. Den Steuerpflichtigen sollte daher nahegelegt werden, dass in der Behaltensfrist keine schädlichen Handlungen vorgenommen werden sollten.

Sowohl für den Verschonungsabschlag wie auch für den gleitenden Abzugsbetrag von 150.000 € ist nach dem Erwerb von land- und forstwirtschaftlichem Vermögen, Betriebsvermögen bzw. Anteilen an Kapitalgesellschaften Voraussetzung, dass innerhalb von fünf bzw. sieben Jahren nach dem Besteuerungszeitpunkt nicht gegen eine der Behaltensregelungen verstoßen wird (§ 13a Abs. 6 ErbStG; vgl. R E 13a.12–19 ErbStR).

Die Behaltensfrist ist für jeden Erwerber bzw. für jede erworbene wirtschaftliche Einheit des begünstigten Vermögens gesondert zu prüfen. Bei Verstößen gegen die Behaltensregelungen ist eine Nachversteuerung durchzuführen.

**Merke**

Behaltensfristverstöße sind innerhalb einer Frist von einem Monat, nachdem der jeweilige Tatbestand verwirklicht wurde, schriftlich anzeigepflichtig (§ 13a Abs. 7 ErbStG).

### 3.11.1 Schädliche Handlungen

- Veräußerung eines Betriebs, Teilbetriebs, Mitunternehmeranteils, von LuF-Vermögen bzw. freiberuflichem Vermögen;
- Veräußerung einer wesentlichen Betriebsgrundlage bzw. deren Überführung in das Privatvermögen oder deren Zuführung zu anderen betriebsfremden Zwecken;
- Aufgabe eines Betriebs, Teilbetriebs, eines freien Berufs, eines LuF-Betriebs;
- Veräußerung von Anteilen an Kapitalgesellschaften; Auflösung der Kapitalgesellschaft; Veräußerung wesentlicher Betriebsgrundlagen durch die Kapitalgesellschaft, wenn das Vermögen (der Erlös) an die Gesellschafter verteilt wird; Herabsetzung des Nennkapitals der Kapitalgesellschaft;
- Insolvenzbedingte Aufgabe des Betriebs oder die insolvenzbedingte Veräußerung des Betriebsvermögens nach Eröffnung eines Insolvenzverfahrens führt zum Wegfall des Verschonungsabschlags;
- Aufhebung der gesellschaftsrechtlichen Bindungen (Stimmrechtsbindung, Verfügungsbeschränkungen) bei Anteilen an Kapitalgesellschaften, sofern diese durch eine Poolvereinbarung zu begünstigungsfähigem Vermögen wurden sowie Aufhebung der Poolvereinbarung nach dem Besteuerungszeitpunkt.

Maßgebend für einen Verstoß gegen die Behaltensregelungen ist für Besteuerungszeitpunkte ab dem 22.08.2019 (Anwendungszeitpunkt ErbStR 2019) das **obligatorische Rechtsgeschäft** und nicht erst die zivilrechtliche Wirksamkeit der Veräußerung (R E 13a.13 Abs. 1 Satz 2 und R E 13a.16 Abs. 1 Satz 2 ErbStR).

### 3.11.2 Unschädliche Handlungen

- Einbringungen eines Betriebs, Teilbetriebs oder Mitunternehmeranteils in eine Kapitalgesellschaft oder in eine Personengesellschaft gegen Gewährung von Gesellschaftsrechten (§§ 20, 24 UmwStG);
- Übertragung des Vermögens einer Kapitalgesellschaft auf eine Personengesellschaft, eine natürliche Person oder eine andere Körperschaft (§§ 3–16 UmwStG);

**Merke**

Die vorgenannten Vorgänge des UmwStG sind nicht schädlich, sofern die bei Einbringung oder Übertragung erlangten Anteile bzw. der erworbene Betrieb nicht innerhalb von fünf bzw. sieben Jahren nach dem Erbfall oder der Schenkung veräußert werden.

- war der Erwerber begünstigter Anteile an einer Personen- oder Kapitalgesellschaft vor dem maßgebenden Besteuerungszeitpunkt an dieser Gesellschaft beteiligt, kann bei einer teilweisen Veräußerung seines Anteils regelmäßig davon ausgegangen werden, dass er zunächst die ihm bereits früher gehörenden Anteile veräußert;
- Weiterübertragung des begünstigten Vermögens innerhalb der Behaltensfrist im Wege der Schenkung;

**Merke**

Eine teilentgeltliche Weiterübertragung ist jedoch schädlich in Höhe des entgeltlichen Teils; ein Nießbrauchsvorbehalt ist unschädlich; ein Verstoß des nachfolgenden Erwerbers innerhalb der ersten Behaltensfrist kann auch beim vorangegangenen Erwerber schädlich sein.

- der Tod des Erwerbers führt zwar zur Beendigung der Behaltensfrist, hat aber ansonsten keine Auswirkungen auf die erhaltenen Verschonungen;
- Veräußerung des jungen Verwaltungsvermögens.

### 3.11.3 Reinvestitionsklausel

In den Fällen der Veräußerung von begünstigtem land- und forstwirtschaftlichem Vermögen, Betriebsvermögen und von Anteilen an Kapitalgesellschaften ist von der Nachversteuerung abzusehen, wenn der Veräußerungserlös innerhalb der nach § 13b Abs. 1 ErbStG begünstigungsfähigen Vermögensart verbleibt (Reinvestitionsklausel, § 13a Abs. 6 Satz 3 ErbStG; vgl. R E 13a.18

ErbStR). Dies wird angenommen, wenn der Erlös grundsätzlich innerhalb von sechs Monaten in entsprechendes Vermögen investiert wird, das nicht zum Verwaltungsvermögen gehört. Maßgebend ist das obligatorische Rechtsgeschäft und nicht erst die zivilrechtliche Wirksamkeit der Anschaffung (R E 13a.18 Satz 5 ErbStR).

**Begünstigte Investitionen:**
- Anschaffung von neuen Betrieben, Betriebsteilen oder Anlagegütern,
- Tilgung von betrieblichen Schulden,
- da auch Finanzmittel zum Verwaltungsvermögen gehören, ist eine unschädliche Reinvestition in Liquiditätsreserven grundsätzlich nicht möglich.

**Merke**

Die Reinvestition muss immer innerhalb derselben Vermögensart erfolgen und bis zum Ende der Behaltensfrist dort verbleiben. Eine Reinvestition des Erlöses eines veräußerten Einzelunternehmens in einen erworbenen GmbH-Anteil ist daher nicht möglich.

### 3.11.4 Verstoß gegen die Entnahmebegrenzung

Weiterhin kommt es auch dann zu einer Nachversteuerung, wenn der Erwerber des Betriebs bis zum Ende des letzten in die Behaltensfrist fallenden Wirtschaftsjahrs sog. Überentnahmen tätigt (Entnahmebegrenzung, § 13a Abs. 6 Nr. 3 ErbStG; vgl. R E 13a.15 ErbStR). Die Regelungen sind auch bei Erwerbern von begünstigten Anteilen an Kapitalgesellschaften anzuwenden (Ausschüttungsbegrenzung).

Die Korrektur ist insoweit vorzunehmen, als die Entnahmen im jeweiligen Behaltenszeitraum den Gewinn und die Einlagen in diesem Zeitraum um mehr als 150.000 € übersteigen. Die Korrektur erfolgt in diesem Fall auf der Basis der Überentnahme. Verluste bleiben unberücksichtigt, d. h. sie mindern das Entnahmevolumen nicht. Die Entnahmebegrenzung ist für jeden Betrieb gesondert zu prüfen. Die Begriffe Entnahme/Ausschüttung, Einlage, Gewinn und Verlust sind nach den Grundsätzen des Ertragsteuerrechts zu beurteilen.

**Beratungshinweise**

1. Es ist zu beachten, dass die Berücksichtigung der Überentnahmen nicht bis zum Ende der fünf- bzw. siebenjährigen Behaltensfrist erfolgt, sondern bereits mit den Werten zum Ende des letzten in die Behaltensfrist fallenden Wirtschaftsjahrs zu prüfen ist.
2. Eine Nachversteuerung kann durch Einlagen kurz vor dem Ablauf der maßgeblichen Frist verhindert werden; eine Einlage unter Aufnahme eines Kredits ist grundsätzlich möglich.
3. Unberücksichtigt bleiben Entnahmen bis zur Höhe des steuerpflichtigen Werts des Verwaltungsvermögens.

### 3.11.5 Durchführung der Nachversteuerung

Bei schädlicher Verfügung des Erwerbers (z. B. Veräußerung/Aufgabe des Betriebs) innerhalb der Behaltensfrist erfolgt eine rückwirkende, zeitanteilige Versagung der in Anspruch genommenen Vergünstigungen (Nachversteuerung, § 13a Abs. 6 Satz 2 ErbStG; vgl. R E 13a.19 ErbStR).

Für jedes volle Jahr der Betriebsfortführung bleibt der Verschonungsabschlag bei der Regelverschonung zu einem Fünftel und bei der Optionsverschonung zu einem Siebtel erhalten. Der gleitende Abzugsbetrag dagegen entfällt voll. Eine schädliche Verfügung stellt ein rückwirkendes Ereignis i. S. d. § 175 Abs. 1 Nr. 2 AO dar.

**Beispiel**

Ein Einzelunternehmen wird im Fall der Regelverschonung im vierten Jahr veräußert. Der Erwerber erhält die Vergünstigung für drei volle Jahre, 2/5 des bisher erhaltenen Verschonungsabschlags sind nachzuversteuern.

Unterschreitet die tatsächliche Lohnsumme am Ende der Lohnsummenfrist die Mindestlohnsumme, so vermindert sich der zu gewährende Verschonungsabschlag mit Wirkung für die Vergangenheit in demselben prozentualen Umfang wie die Mindestlohnsumme unterschritten wird (§ 13a Abs. 3 Satz 5 ErbStG). Der Abzugsbetrag unterliegt hierbei keiner Anpassung.

Falls ein Unternehmen unmittelbar von den Auswirkungen der Corona-Pandemie betroffen ist, können bei einem Verstoß gegen die Lohnsummenregelung nach den gleich lautenden Ländererlassen vom 30.12.2021 Billigkeitsmaßnahmen (abweichende Steuerfestsetzung, Erlass der Nachsteuer) ergehen. Dies ist vom Steuerpflichtigen zu beantragen bzw. nachzuweisen. Voraussetzung ist, dass im Zeitraum zwischen dem 01.03.2020 und dem 30.06.2022 Kurzarbeitergeld an den Betrieb gezahlt wurde und der Betrieb einer Branche angehörte, die von einer verordneten Schließung wegen der Corona-Pandemie unmittelbar betroffen war. Hierbei dürfen keine anderen Gründe für die Unterschreitung der Mindestlohnsumme (z. B. betriebsbedingte Kündigungen, strukturelle Probleme) vorhanden gewesen sein.

## 3.12 Sonstige Regelungen zur Verschonung von Unternehmensvermögen

### 3.12.1 Investitionsklausel

Beim Erwerb von Todes wegen entfällt die Zurechnung von Vermögensgegenständen zum Verwaltungsvermögen rückwirkend zum Zeitpunkt des Todestags, wenn der Erwerber innerhalb von zwei Jahren ab dem Todestag diese in Vermögensgegenstände innerhalb des vom Erblasser erworbenen Unternehmensvermögens investiert hat (Investitionsklausel, § 13b Abs. 5 ErbStG; vgl. R E 13b.24 ErbStR).

Ziel der Regelung ist es, in Fällen hohen Verwaltungsvermögens zum Todestag die Besteuerung zu vermeiden, wenn dieses Vermögen innerhalb von zwei Jahren zu den vom Gesetz als besonders förderungswürdig angesehenen investiven Zwecken verwendet wird.

**Merke**

Hierdurch wird das ansonsten strenge Stichtagsprinzip der Erbschaftsteuer durchbrochen. Bei geplanten Schenkungen kann das Verwaltungsvermögen durch vorher getätigte Investitionen reduziert werden.

**Folgende Voraussetzungen sind kumulativ zu erfüllen:**

- Es muss sich um einen Erwerb von Todes wegen handeln, d. h. die Investitionsklausel ist für Schenkungen nicht möglich;
- der Erwerber muss erworbenes Verwaltungsvermögen in Vermögen investieren, das kein Verwaltungsvermögen ist;
- die durch die Investition geschaffenen oder angeschafften Gegenstände müssen unmittelbar einer gewerblichen Tätigkeit dienen;
- begünstigte Investitionen: Herstellung neuer Büro-/Betriebsgebäude, Anschaffung neuer Maschinen/Einrichtungsgegenstände/Fahrzeuge, Erwerb von Umlaufvermögen (Vorräte, Waren etc.);
- die Investition muss aufgrund eines zum Todestag vorhandenen Plans des Erblassers erfolgen; ein eigenständiger Entschluss des Erwerbers ist nicht ausreichend;
- die Investition muss innerhalb einer Frist von zwei Jahren nach dem Besteuerungszeitpunkt erfolgt sein.

**Folge** ist, dass das investierte Vermögen rückwirkend nicht (mehr) zum Verwaltungsvermögen gehört.

**Beratungshinweise**

1. Die Investitionsklausel stellt einen »Rettungsanker«, z. B. bei Nichtbestehen des 90%-Verwaltungsvermögenstests zum Todestag, dar.
2. Den Steuerpflichtigen ist daher die Erstellung von regelmäßigen Investitionsplänen zu empfehlen, damit in einem plötzlichen Erbfall nachträglich noch die Möglichkeit der Reduzierung von Verwaltungsvermögen besteht.
3. Der Plan des Erblassers muss so konkret sein, dass dieser und die entsprechend vom Erwerber umgesetzte Investition nachvollzogen werden können. Der Plan muss die zu erwerbenden oder herzustellenden Gegenstände beinhalten, jedoch nicht das zu verwendende Verwaltungsvermögen.
4. Hatte der Erblasser, z. B. als ein Minderheitsgesellschafter, keinen Einfluss auf die Geschäftsleitung des Betriebs, reicht es aus, wenn diese zum Todestag des Erblassers einen konkreten Investitionsplan gefasst hatte und diesen innerhalb der Frist von zwei Jahren verwirklicht. Der Plan der Geschäftsleitung und seine Umsetzung werden dem Erblasser zugerechnet.
5. Die Investitionsklausel kann auch auf nachgelagerten Beteiligungsstufen zur Anwendung kommen. Voraussetzung ist, dass der Erblasser seinen Plan auf dieser Beteiligungsstufe tatsächlich durchsetzen konnte.

### 3.12.2 Verbundvermögensaufstellung in mehrstufigen Beteiligungsstrukturen

Gehören zum begünstigungsfähigen Vermögen unmittelbar oder mittelbar Anteile an Kapitalgesellschaften > 25% oder Beteiligungen an Personengesellschaften im Inland bzw. Ausland, erfolgt die rechentechnische Ermittlung des begünstigten Vermögens durch eine Verbundvermögensaufstellung (§ 13b Abs. 9 ErbStG; vgl. R E 13b.29 ErbStR).

In der Verbundvermögensaufstellung sind zur Ermittlung des begünstigten Vermögens die folgenden zusammengefassten Vermögensgegenstände mit dem Anteil einzubeziehen, zu dem die unmittelbare oder mittelbare Beteiligung besteht und mit den entsprechenden Vermögensgegenständen des zu bewertenden Betriebs zusammenzurechnen:

- Verwaltungsvermögen, junges Verwaltungsvermögen,
- Finanzmittel, junge Finanzmittel und
- Schulden.

Die Rechentechnik der Verbundvermögensaufstellung ist auf jeder Beteiligungsstufe anzuwenden. Festgestellt werden jeweils die Werte, die sich auf den Anteil beziehen, zu dem jeweils die Beteiligung besteht. Bei mehrstufigen Beteiligungsstrukturen ist deshalb eine konsolidierte Betrachtung des (jungen) Verwaltungsvermögens, der (jungen) Finanzmittel und der Schulden vorgesehen.

**Merke**

1. Soweit sich in der Verbundvermögensaufstellung Forderungen und Schulden zwischen den Gesellschaften untereinander oder im Verhältnis zu dem übertragenen Betrieb oder der übertragenen Gesellschaft gegenüberstehen, sind diese nicht anzusetzen.
2. Forderungen und Schulden, die sich im Gesamthandsvermögen und im Sonderbetriebsvermögen einer Personengesellschaft gegenüberstehen, sind anzusetzen und nicht zu kürzen, weil es sich nicht um eine Beteiligung handelt.

### 3.12.3 Vorwegabschlag wegen gesellschaftsrechtlicher Beschränkungen

Der Gesetzgeber gewährt unter bestimmten Voraussetzungen für gesellschaftsvertragliche bzw. satzungsmäßige Beschränkungen bei Familienunternehmen einen Abschlag von bis zu maximal 30% auf das begünstigte Vermögen (§ 13a Abs. 9 ErbStG; vgl. R E 13a.20 ErbStR).

Der Vorwegabschlag kommt insbesondere in Betracht für Personengesellschaften oder Kapitalgesellschaften. Er greift jedoch nicht bei einem Einzelunternehmen bzw. bei einer Aktiengesellschaft, weil das Aktiengesetz keine entsprechenden Einschränkungen in der Satzung zulässt.

**Merke**

Beim Vorwegabschlag handelt sich um einen Abschlag auf das begünstigte Vermögen vor Anwendung der weiteren Verschonungen.

Folgende Voraussetzungen sind bei dem jeweiligen Unternehmen erforderlich:

1. die Entnahme oder Ausschüttung ist auf höchstens 37,5% des um die auf den Gewinnanteil oder die Ausschüttungen aus der Gesellschaft entfallenden Steuern vom Einkommen gekürzten Betrages des steuerrechtlichen Gewinns beschränkt; aus Vereinfachungsgründen kann von pauschalen Entnahmen zur Begleichung der Ertragsteuer von 30% ausgegangen werden;
2. die Verfügung über die Beteiligung an der Personengesellschaft oder den Anteil an der Kapitalgesellschaft ist auf Mitgesellschafter, auf Angehörige i. S. d. § 15 AO oder auf eine Familienstiftung beschränkt;
3. für den Fall des Ausscheidens aus der Gesellschaft ist eine Abfindung vorgesehen, die unter dem gemeinen Wert der Beteiligung an der Personengesellschaft oder des Anteils an der Kapitalgesellschaft liegt;
4. die Bestimmungen müssen den tatsächlichen Verhältnissen entsprechen.

**Merke**

Die Höhe des Abschlags entspricht der im Gesellschaftsvertrag oder in der Satzung vorgesehenen prozentualen Minderung der Abfindung gegenüber dem gemeinen Wert und darf 30% nicht übersteigen.

Die o. g. Voraussetzungen müssen zwei Jahre vor dem Zeitpunkt der Entstehung der Steuer vorliegen. Die Steuerbefreiung entfällt mit Wirkung für die Vergangenheit, wenn die o. g. Voraussetzungen nicht über einen Zeitraum von 20 Jahren nach dem Zeitpunkt der Entstehung der Steuer eingehalten werden (Fallbeileffekt, d. h. nicht nur zeitanteiliger Wegfall).

## 3.13 Zusammenrechnung der Erwerbe innerhalb von zehn Jahren

**Auf den Punkt gebracht**

Um zu verhindern, dass aufgrund der Freibeträge und der geringeren Steuersätze bei kleineren Erwerben Vermögen nach und nach in Teilbeträgen verschenkt wird, ist im ErbStG geregelt, dass alle innerhalb von zehn Jahren von einer Person empfangenen Vermögensvorteile zu einem Betrag zusammenzurechnen und zu versteuern sind. Dadurch wird verhindert, dass die Steuerpflicht umgangen wird.

Mehrere innerhalb von zehn Jahren von derselben Person anfallende Vermögensvorteile werden in der Weise zusammengerechnet, dass dem letzten Erwerb die früheren Erwerbe nach ihrem früheren Wert zugerechnet werden (Berücksichtigung früherer Erwerbe, § 14 ErbStG).

Ist für frühere Erwerbe bereits Steuer entrichtet worden, wird dies berücksichtigt. Die Besteuerung wird so vorgenommen, als seien alle Erwerbe des Zehnjahreszeitraumes zum Zeitpunkt des letzten Erwerbs auf einmal angefallen. Eine Steuererstattung ist dabei ausgeschlossen.

## 3.14 Steuerklassen

**Auf den Punkt gebracht**

Je näher der Erwerber mit dem Erblasser oder Schenker verwandt ist, desto niedriger ist die Erbschaft- oder Schenkungsteuer. Für die Höhe der Steuer ist es ganz entscheidend, zu welcher der drei Steuerklassen der Erwerber gehört.

Die Höhe der Erbschaft- und Schenkungsteuer richtet sich neben der Höhe des steuerpflichtigen Erwerbs nach der Steuerklasse des Erwerbers (§ 15 ErbStG). Die Einreihung in die Steuerklasse ist außerdem maßgebend für die Höhe der Freibeträge (§§ 16, 17 ErbStG), für bestimmte Steuerbefreiungen und für die Höhe des Steuersatzes (§ 19 ErbStG).

Nach dem persönlichen Verhältnis des Erwerbers zum Erblasser oder Schenker werden die folgenden drei Steuerklassen unterschieden:

**Steuerklasse I:**

- der Ehegatte und eingetragene Lebenspartner,
- die Kinder und Stiefkinder,
- die Abkömmlinge der Kinder und Stiefkinder, also die Enkel und Urenkel,
- die Eltern und Voreltern (Großeltern) bei Erbfällen.

**Steuerklasse II:**

- die Eltern und Voreltern (Großeltern), wenn sie nicht zur Steuerklasse I gehören (in Schenkungsfällen),
- die Geschwister und deren Abkömmlinge ersten Grades (Neffen, Nichten),
- die Stiefeltern,
- die Schwiegereltern und Schwiegerkinder,
- der geschiedene Ehegatte.

**Steuerklasse III:**

- alle übrigen Erwerber (z. B. Tanten, Onkel, Verlobte, Nichtverwandte),
- für Zweckzuwendungen.

**Merke**

Falls Personen in einer nichtehelichen Beziehung (Lebensgefährten) voneinander erben, greift die ungünstigste Steuerklasse III. Dies gilt auch für die Kinder von Lebensgefährten. Solche Kinder sind keine Stiefkinder (Steuerklasse I) des Erblassers. Für die Annahme als Stiefkind muss der leibliche Elternteil mit dem Erblasser verheiratet gewesen sein.

## 3.15 Persönlicher Freibetrag

Jedem Erwerber steht ein persönlicher Freibetrag (§ 16 ErbStG) zu, in dessen Höhe der steuerpflichtige Erwerb steuerfrei ist. Die Freibeträge beziehen sich auf den Erwerb einer Person (und nicht auf den Erwerbsfall insgesamt), sodass etwa in einem Erbfall jeder Erbe, jeder Vermächtnisnehmer oder sonstige Begünstigte für sich einmal den ihm zustehenden persönlichen Freibetrag in Anspruch nehmen kann.

Der persönliche Freibetrag bestimmt sich nach dem Verwandtschaftsgrad des Erwerbers zum Erblasser bzw. Schenker. Im Überblick ergeben sich folgende Freibeträge:

| Erwerbende Person | Freibetrag |
|---|---|
| Ehegatte | 500.000 € |
| eingetragener Lebenspartner | 500.000 € |
| Kinder/Stiefkinder und Kinder verstorbener Kinder/Stiefkinder | 400.000 € |
| Enkel | 200.000 € |
| übrige Erwerber der Steuerklasse I (z. B. Eltern im Erbfall) | 100.000 € |
| Erwerber in Steuerklasse II | 20.000 € |
| Erwerber in Steuerklasse III | 20.000 € |
| Beschränkt Steuerpflichtige (wie bei unbeschränkter Steuerpflicht), ggf. Kürzung des Freibetrags | |

**Tab. 12:** Persönliche Freibeträge nach § 16 ErbStG

**Merke**

Die persönlichen Freibeträge können alle zehn Jahre erneut in Anspruch genommen werden, sodass beispielsweise bei einer steuerfreien Schenkung im Jahr 2013 in Höhe von 400.000 € an ein Kind im Jahr 2024 nochmals 400.000 € steuerfrei verschenkt bzw. vererbt werden könnten.

**Besonderheit bei beschränkter Steuerpflicht**

In den Fällen der beschränkten Steuerpflicht (§ 2 Abs. 1 Nr. 3 ErbStG) ist der Freibetrag nach § 16 Abs. 1 ErbStG für Stichtage ab dem 25.06.2017 um einen Teilbetrag zu mindern, falls neben dem Inlandsvermögen auch Auslandsvermögen erworben wird (§ 16 Abs. 2 ErbStG). Dies gilt unabhängig davon, ob die Steuerpflichtigen in einem EU-Staat oder in einem Drittstaat ansässig sind.

Bei Stichtagen bis zum 24.06.2017 greift der volle persönliche Freibetrag des § 16 Abs. 1 ErbStG.

## 3.16 Besonderer Versorgungsfreibetrag

Bei Erbfällen (nicht bei einer Schenkung) gibt es neben dem persönlichen Freibetrag für den überlebenden Ehegatten, den eingetragenen Lebenspartner und für Kinder bis zu 27 Jahren einen besonderen Versorgungsfreibetrag (§ 17 ErbStG).

Er beträgt für den überlebenden Ehegatten und den eingetragenen Lebenspartner 256.000 €.

Der Versorgungsfreibetrag für Kinder ist nach deren Alter gestaffelt. Er beträgt

- 52.000 € bei einem Alter bis zu 5 Jahren,
- 41.000 € bei einem Alter über 5 bis zu 10 Jahren,
- 30.700 € bei einem Alter über 10 bis zu 15 Jahren,
- 20.500 € bei einem Alter über 15 bis zu 20 Jahren,
- 10.300 € bei einem Alter über 20 bis zur Vollendung des 27. Jahres.

**Merke**

Der Versorgungsfreibetrag für Ehegatten und Kinder wird um den kapitalisierten Wert von Versorgungsbezügen gekürzt, die nicht der Erbschaftsteuer unterliegen (z. B. gesetzliche Witwenrenten, Beamtenpensionen, (Halb-)Waisenrenten).

## 3.17 Berücksichtigung Zugewinnausgleich

**Auf den Punkt gebracht**

Im gesetzlichen Güterstand der Zugewinngemeinschaft (§§ 1363 ff. BGB) leben die Ehegatten immer dann, wenn sie keinen anderen Güterstand vereinbart haben. Endet der gesetzliche Güterstand der Zugewinngemeinschaft, so erwirbt der überlebende Ehegatte einen Anspruch auf den Zugewinnausgleich. Dieser mindert dann neben dem persönlichen Freibetrag und dem Versorgungsfreibetrag den erbschaftsteuerlichen Erwerb des Ehegatten.

Wird der Güterstand der Zugewinngemeinschaft durch den Tod eines Ehegatten beendet und der Zugewinn nicht nach § 1371 Abs. 2 BGB ausgeglichen, gilt beim überlebenden Ehegatten der Betrag, den er als Ausgleichsforderung geltend machen könnte, nicht als erbschaftsteuerlicher Erwerb (§ 5 Abs. 1 ErbStG).

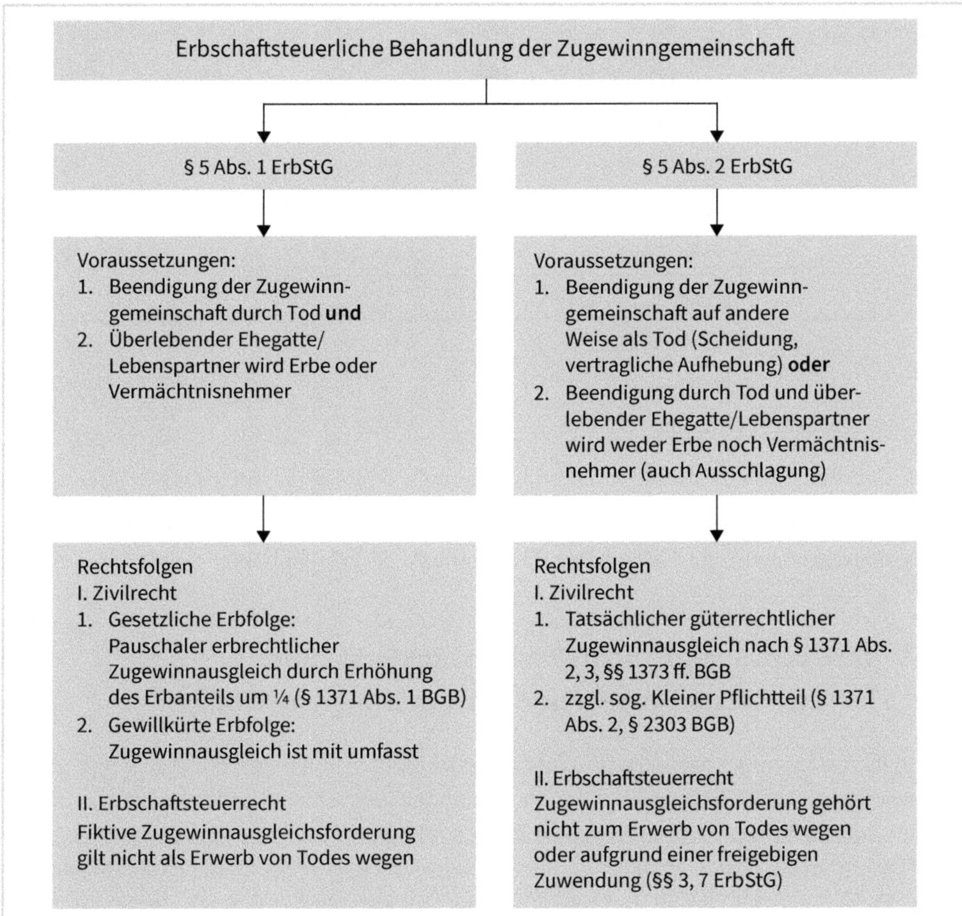


**Abb. 9:** Erbschaftsteuerliche Behandlung der Zugewinngemeinschaft (Quelle: Neufang Akademie, Calw)

Die fiktive Zugewinnausgleichsforderung ist für Besteuerungszeitpunkte ab dem 29.12.2020 zu mindern, wenn bei einzelnen Nachlassgegenständen Steuerbefreiungen zum Tragen gekommen sind. Hierfür wird das Verhältnis des um die Steuerbefreiungen geminderten Werts des Endvermögens zum Endvermögen zugrunde gelegt (s. a. gleich lautende Ländererlasse vom 13.09.2021).

## 3.18 Steuersätze

Bei dem Tarif des ErbStG (§ 19 ErbStG) handelt es sich um einen sog. Stufentarif. Der zur einzelnen Wertstufe bei der jeweiligen Steuerklasse angegebene Steuersatz ist auf den gesamten steuerpflichtigen Erwerb anzuwenden.

| Wert des steuerpflichtigen Erwerbs bis einschließlich | Prozentsatz in der Steuerklasse | | |
|---|---|---|---|
| | I | II | III |
| 75.000 € | 7 | 15 | 30 |
| 300.000 € | 11 | 20 | 30 |
| 600.000 € | 15 | 25 | 30 |
| 6 Mio. € | 19 | 30 | 30 |
| 13 Mio. € | 23 | 35 | 50 |
| 26 Mio. € | 27 | 40 | 50 |
| über 26 Mio. € | 30 | 43 | 50 |

**Tab. 13:** Steuersätze nach § 19 ErbStG

Bei geringfügigem Überschreiten einer Wertgrenze gilt nach § 19 Abs. 3 ErbStG die sog. Härteausgleichsregelung mit einer besonderen Berechnung (vgl. H E 19 ErbStH).

## 3.19 Tarifbegrenzung beim Erwerb von land- und forstwirtschaftlichem und Unternehmensvermögen

Sind in dem steuerpflichtigen Erwerb einer natürlichen Person der Steuerklasse II oder III Betriebsvermögen, LuF-Vermögen oder Anteile an Kapitalgesellschaften enthalten, ist von der tariflichen Erbschaftsteuer ein Entlastungsbetrag abzuziehen (Tarifbegrenzung, § 19a ErbStG). Der Erwerber der Steuerklasse II oder III wird insoweit wie ein Erwerber der Steuerklasse I behandelt.

## 3.20 Steuerschuldner

Steuerschuldner der Erbschaftsteuer ist der Erwerber (Erbe). Bei der Schenkungsteuer ist neben dem Beschenkten auch der Schenker ein möglicher Steuerschuldner (§ 20 Abs. 1 ErbStG).

Die Inanspruchnahme des Schenkers erfolgt immer dann, wenn er dem Beschenkten gegenüber die Steuer übernommen hat (§ 10 Abs. 2 ErbStG).

**Merke**

Bei einer Schenkung wird das Finanzamt den Schenker erst dann in Anspruch nehmen, wenn der Beschenkte die Schenkungsteuer nicht bezahlt. Die Inanspruchnahme durch den Schenker erfolgt daher in der Praxis nachrangig. Es besteht dadurch aber auch für den Schenker ein gewisses Steuerrisiko.

## 3.21 Anrechnung ausländischer Erbschaftsteuer

Nach § 21 ErbStG soll eine Doppelbelastung durch eine Anrechnung der ausländischen Erbschaftsteuer möglichst verhindert werden. Danach wird die auf das steuerpflichtige Vermögen entfallende deutsche Steuer voll erhoben und die auf im Ausland belegenes Vermögen entfallende ausländische Steuer auf die deutsche Steuer bis zu einem bestimmten Betrag angerechnet.

Dies gilt, sofern nicht die Vorschriften eines Abkommens zur Vermeidung der Doppelbesteuerung anzuwenden sind.

Der Erwerber hat die Höhe des Auslandsvermögens und die gezahlte ausländische Steuer nachzuweisen.

## 3.22 Anzeigepflicht des Erwerbers/Schenkers

Jeder der Erbschaft- bzw. Schenkungsteuer unterliegende Erwerb ist vom Erwerber innerhalb von drei Monaten, nachdem er vom Vermögensanfall Kenntnis erlangt hat, dem für die Erbschaftsbesteuerung örtlich zuständigen Finanzamt anzuzeigen. Bei Schenkungen ist auch der Schenker zur Anzeige verpflichtet (Anzeigepflicht, § 30 Abs. 1 und 2 ErbStG).

Eine Anzeige erübrigt sich, wenn der Erwerb auf einer von einem deutschen Gericht, einem deutschen Notar oder einem deutschen Konsul eröffneten Verfügung von Todes wegen (Testament oder Erbvertrag) beruht und sich aus der Verfügung das Verhältnis des Erwerbers zum Erblasser unzweifelhaft ergibt. Wenn eine Schenkung unter Lebenden gerichtlich oder notariell beurkundet worden ist, ist ebenfalls keine Anzeige erforderlich.

**Merke**

1. Im Erbfall gilt dennoch eine Anzeigepflicht, wenn zum Erwerb Grundbesitz, Betriebsvermögen und Anteile an Kapitalgesellschaften im Inland bzw. Auslandsvermögen gehören.
2. Gleiches gilt für den Erwerb von einem ausländischen Erblasser bzw. Schenker durch einen inländischen Erwerber. Der Erwerb ist dann bei dem für den Erwerber zuständigen Erbschaftsteuer-Finanzamt anzuzeigen.

Die Anzeige soll folgende Angaben enthalten (§ 30 Abs. 4 ErbStG):
1. Vorname und Familienname, Identifikationsnummer (§ 139b AO), Beruf, Wohnung des Erblassers oder Schenkers und des Erwerbers;
2. Todestag und Sterbeort des Erblassers oder Zeitpunkt der Ausführung der Schenkung;
3. Gegenstand und Wert des Erwerbs;
4. Rechtsgrund des Erwerbs wie z. B. gesetzliche Erbfolge, Vermächtnis;
5. persönliches Verhältnis des Erwerbers zum Erblasser oder zum Schenker wie Verwandtschaft, Schwägerschaft, Dienstverhältnis;
6. frühere Zuwendungen des Erblassers oder Schenkers an den Erwerber nach Art, Wert und Zeitpunkt der einzelnen Zuwendung.

# 4 Bewertung der einzelnen Wirtschaftsgüter

## 4.1 Bewertung von Grundvermögen

**Auf den Punkt gebracht**

In Erbfällen oder bei Schenkungen gehen häufig Grundstücke auf die Erwerber über. Hierbei ist dann eine Bewertung des Grundvermögens erforderlich. In diesem Abschnitt werden die Bewertungsmethoden für unbebaute und bebaute Grundstücke dargestellt. Hauptanwendungsfälle bei den bebauten Grundstücken sind das Ertragswert- oder das Sachwertverfahren.

Die Werte für Erbschaft- und Schenkungsteuerzwecke (Grundbesitzwerte) werden unter Berücksichtigung der tatsächlichen Verhältnisse (z. B. Erschließungsmaßnahmen, Zustand der Bebauung, Anzahl der Wohnungen, Alter des Gebäudes, Fläche) und der Wertverhältnisse (z. B. Bodenrichtwert, Höhe der Miete) zum Bewertungsstichtag festgestellt (§ 157 Abs. 1 BewG).

### 4.1.1 Begriff des Grundvermögens

§ 176 BewG bestimmt den Begriff des Grundvermögens. Dazu gehören

- der Grund und Boden, die Gebäude einschließlich der wesentlichen Bestandteile,
- die sonstigen Bestandteile (Außenanlagen) wie z. B. Gartenanlage, Umzäunung und das Zubehör,
- das Erbbaurecht, das Wohnungseigentum, das Teileigentum, das Wohnungserbbaurecht und Teilerbbaurecht nach dem WEG.

Die wirtschaftliche Einheit des Grundvermögens ist das Grundstück (§ 70 Abs. 1 BewG), das ein oder mehrere Flurstücke umfassen kann.

Jede wirtschaftliche Einheit Grundstück ist für sich zu bewerten. Bei der Bewertung des Grundvermögens ist der gemeine Wert zugrunde zu legen (§ 177 BewG).

Die nachfolgend genannten unbebauten und bebauten Grundstücke sind nach den dort genannten steuerlichen Methoden und Vorschriften zu bewerten. Nach § 198 BewG kann jeweils ein nachgewiesener niedrigerer gemeiner Wert zum Ansatz kommen.

| unbebaute Grundstücke (§ 178 BewG) | bebaute Grundstücke (§§ 180 und 181 BewG) | | | | | |
|---|---|---|---|---|---|---|
| | Ein- und Zwei-familienhaus | Mietwohn-grundstück | Wohnungs- und Teil-eigentum | Geschäfts-grundstück | gemischt-genutztes Grundstück | sonstiges bebautes Grundstück |
| Bewertung nach § 179 BewG | Bewertung nach §§ 182–197 BewG | | | | | |
| Fläche x $m^2$ | Vergleichswert-/Ertragswert- oder Sachwertverfahren | | | | | |
| § 198 BewG (Nachweis niedrigerer gemeiner Wert möglich) | | | | | | |

**Tab. 14:** Übersicht zu den Grundstücksarten und den Bewertungsvorschriften

### 4.1.2 Bewertung unbebauter Grundstücke

**Auf den Punkt gebracht**

Die Wertermittlung von unbebauten Grundstücken erfolgt durch Multiplikation der Grundstücksfläche mit dem Bodenrichtwert, der turnusgemäß vor dem Bewertungsstichtag vom Gutachterausschuss zu ermitteln war. Die Bodenrichtwerte sind regelmäßig aus dem Internetauftritt der Städte und Gemeinden zu entnehmen.

Unbebaute Grundstücke sind Grundstücke, auf denen sich keine benutzbaren Gebäude befinden. Die Benutzbarkeit beginnt im Zeitpunkt der Bezugsfertigkeit des Gebäudes (§ 178 Abs. 1 BewG). Der Wert unbebauter Grundstücke umfasst den Wert des Grund und Bodens, mit dem die Außenanlagen (z. B. ein Gartenzaun) abgegolten sind.

Der Wert unbebauter Grundstücke bestimmt sich regelmäßig nach ihrer Fläche und den Bodenrichtwerten (§ 179 Satz 1 BewG, § 196 BauGB).

Fläche × aktueller Bodenrichtwert in €/$m^2$ = Bodenwert

Der Bodenwert ist auf volle € abzurunden. Bei der Wertermittlung ist stets der Bodenrichtwert anzusetzen, dessen turnusmäßige Ermittlung dem Bewertungsstichtag vorausging (§ 179 Satz 3 BewG). Die Bodenrichtwerte sollen mindestens alle zwei Jahre zum Ende des Kalenderjahres (31.12.) von den örtlichen Gutachterausschüssen ermittelt werden. Bei den Bodenrichtwerten handelt es sich um durchschnittliche Lagewerte, die nach § 196 BauGB auf Grund der Kaufpreissammlung flächendeckend unter Berücksichtigung des unterschiedlichen Entwicklungszustandes ermittelt werden.

**Merke**

Die Bodenrichtwerte werden regelmäßig auf den Internetseiten der Städte und Gemeinden veröffentlicht und sind dort einzusehen.

### 4.1.3 Bewertung bebauter Grundstücke

#### 4.1.3.1 Begriff des bebauten Grundstücks

**Auf den Punkt gebracht**

Bebaute Grundstücke sind in verschiedene Grundstücksarten zu unterteilen. Je nach Grundstücksart ist ein bestimmtes Bewertungsverfahren anzuwenden.

Bebaute Grundstücke sind Grundstücke, auf denen sich benutzbare Gebäude befinden (§ 180 Abs. 1 Satz 1 BewG; vgl. R B 180 ErbStR). Hierfür kommt es auf die Bezugsfertigkeit an.

Zur wirtschaftlichen Einheit eines bebauten Grundstücks gehören

- der Grund und Boden, die Gebäude und Nebengebäude (z.B. Garagen), die Außenanlagen (z.B. Platz- und Wegebefestigungen, Terrassen, Gartenanlagen, Umzäunungen),
- sonstige wesentliche Bestandteile und das Zubehör.

Bei bebauten Grundstücken wird nach § 181 BewG zwischen folgenden Grundstücksarten unterschieden (vgl. R B 181.1 Abs. 1 ErbStR):

| Grundstücksart | Voraussetzungen |
|---|---|
| 1. Ein- und Zweifamilienhäuser | • Wohngrundstücke mit bis zu zwei Wohnungen;<br>• Mitbenutzung für betriebliche oder öffentliche Zwecke zu weniger als 50% – berechnet nach der Wohn- oder Nutzfläche – ist unschädlich, soweit dadurch nicht die Eigenart als Ein- oder Zweifamilienhaus wesentlich beeinträchtigt wird;<br>• kein Wohnungseigentum nach Nr. 3. |
| 2. Mietwohngrundstücke | • Grundstücke, die zu mehr als 80% – berechnet nach der Wohn- oder Nutzfläche – Wohnzwecken dienen und nicht Ein- und Zweifamilienhäuser i.S.d. Nr. 1 oder Wohnungseigentum nach Nr. 3 sind. |
| 3. Wohnungs- und Teileigentum | • Wohnungseigentum ist das Sondereigentum an einer Wohnung in Verbindung mit dem Miteigentumsanteil an dem gemeinschaftlichen Eigentum, zu dem es gehört (§ 1 Abs. 2 WEG).<br>• Teileigentum ist das Sondereigentum an nicht zu Wohnzwecken dienenden Räumen eines Gebäudes i.V.m. dem Miteigentum an dem gemeinschaftlichen Eigentum, zu dem es gehört (§ 1 Abs. 3 WEG). |
| 4. Geschäftsgrundstücke | • Grundstücke, die zu mehr als 80% – berechnet nach der Wohn- oder Nutzfläche – eigenen oder fremden betrieblichen oder öffentlichen Zwecken dienen und nicht Teileigentum nach Nr. 3 sind. |
| 5. gemischt-genutzte Grundstücke | • Grundstücke, die teils Wohnzwecken, teils eigenen oder fremden betrieblichen oder öffentlichen Zwecken dienen und keine Grundstücke i.S.d. Nr. 1–4 sind. |
| 6. sonstige bebaute Grundstücke | • Grundstücke, die nicht unter die Nr. 1–5 fallen |

**Tab. 15:** Voraussetzungen der einzelnen Grundstücksarten nach § 181 BewG

#### 4.1.3.2 Anzuwendende Bewertungsverfahren

Die Grundstücksart ist für die Zuordnung des Bewertungsverfahrens von entscheidender Bedeutung (vgl. R B 182 ErbStR). Der Wert der bebauten Grundstücke ist nach dem Vergleichswertverfahren, dem Ertragswertverfahren oder dem Sachwertverfahren zu ermitteln (§ 182 Abs. 1 BewG).

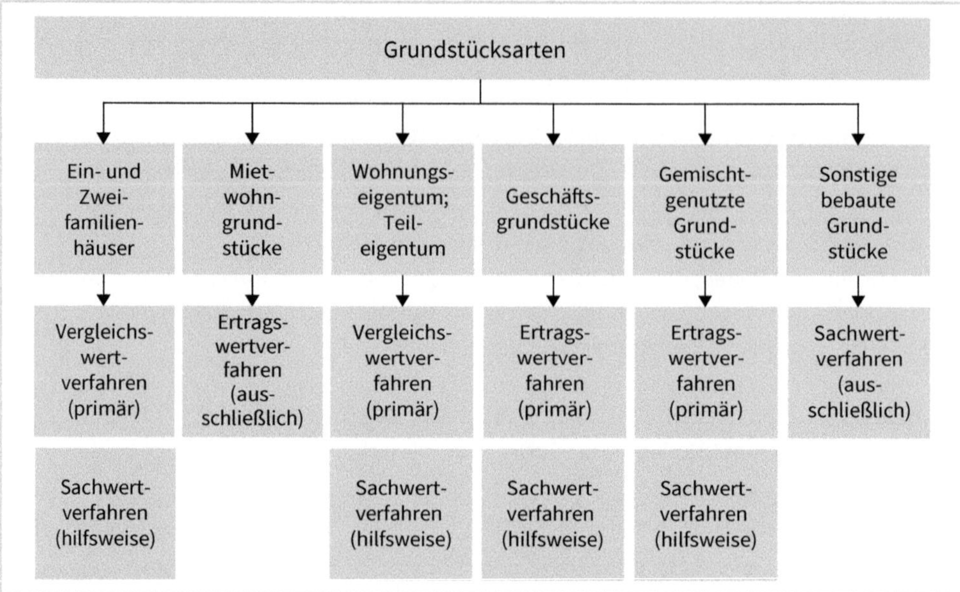


**Abb. 10:** Bewertungsverfahren nach Grundstücksarten (Quelle: Neufang Akademie, Calw)

**Besonderheiten:**

- Wohnungseigentum, Teileigentum und Ein- und Zweifamilienhäuser sind grundsätzlich im Vergleichswertverfahren zu bewerten, sofern der Gutachterausschuss entsprechende Vergleichspreise oder -faktoren ermittelt hat. Ansonsten erfolgt eine Bewertung im Sachwertverfahren.
- Geschäftsgrundstücke und gemischt-genutzte Grundstücke, für die sich auf dem örtlichen Grundstücksmarkt eine übliche Miete ermitteln lässt, sind im Ertragswertverfahren zu bewerten. Ansonsten erfolgt eine Bewertung im Sachwertverfahren.
- Mietwohngrundstücke sind stets im Ertragswertverfahren zu bewerten. Falls weder eine tatsächliche Miete vorhanden noch eine ortsübliche Miete ermittelbar ist, ist die Miete zu schätzen.

### 4.1.3.3 Vergleichswertverfahren

**Auf den Punkt gebracht**

Das Vergleichswertverfahren kommt in Gegenden in Betracht, wo gleichartige Gebäude und entsprechende Vergleichswerte oder -faktoren durch Verkäufe vorhanden sind. Die entsprechenden Werte werden durch die jeweiligen Gutachterausschüsse ermittelt. Das Verfahren kommt insbesondere bei Wohnungen oder Reihenhäusern zur Anwendung.

Das Vergleichswertverfahren (§ 183 BewG; vgl. R B 183 ErbStR) ist das vorrangige Bewertungsverfahren für Ein- und Zweifamilienhäuser, Wohnungseigentum und Teileigentum. Es kommt nur bei Grundstücken in Betracht, die mit weitgehend gleichartigen Gebäuden bebaut sind und bei denen sich der Grundstücksmarkt an Vergleichswerten orientiert.

Beim Vergleichswertverfahren wird der Marktwert eines Grundstücks regelmäßig aus tatsächlich realisierten Kaufpreisen von anderen Grundstücken abgeleitet, die hinreichend vergleichbar sind. Grundlage sind vorrangig die von den Gutachterausschüssen i. S. d. §§ 192 ff. BauGB mitgeteilten Vergleichspreise bzw. Vergleichsfaktoren (§ 183 BewG).

Liegen keine vom Gutachterausschuss ermittelten Vergleichspreise bzw. -faktoren vor, kann sich der Vergleichspreis nach § 183 Abs. 1 Satz 1 BewG auch aus einem zeitnah zum Bewertungsstichtag vereinbarten Kaufpreis für das zu bewertende Grundstück ergeben (BFH-Urteil vom 24.08.2022, II R 14/20). Nach der Regelung in H B 183 Abs. 2 ErbStH kann bereits ein innerhalb eines Jahres vor dem Bewertungsstichtag unter fremden Dritten erzielter Kaufpreis des zu bewertenden Grundstücks als Vergleichswert gelten.

**Beratungshinweise**

1. Seit der Erbschaftsteuerreform 2009 haben inzwischen immer mehr Gutachterausschüsse Vergleichspreise bzw. -faktoren ermittelt, sodass bei Wohnungseigentum, Teileigentum und Ein- und Zweifamilienhäusern das evtl. zu höheren Werten führende vorrangige Vergleichswertverfahren statt des Sachwertverfahrens anzuwenden ist.
2. Die Vergleichspreise sind z. B. aus Grundstücksmarktberichten der Städte und Gemeinden ersichtlich, die kostenpflichtig zu erwerben sind. Da die Finanzämter die Vergleichswerte nicht an die Steuerpflichtigen herausgeben, ist erst durch den Erwerb eines Grundstücksmarktberichts ein Vergleich mit dem vom Finanzamt nach dem Vergleichswertverfahren ermittelten Grundbesitzwert möglich.
3. Da der BFH in seinem Urteil vom 24.08.2022 von einem zeitnah zum Bewertungsstichtag vereinbarten Kaufpreis spricht, besteht für die Finanzverwaltung ggf. die Möglichkeit, einen nach dem Todestag erzielten (höheren) Verkaufspreis für ein Grundstück als gemeinen Wert anzusetzen, der bisher unberücksichtigt blieb. Hierbei sollten jedoch nur Verkäufe bis zu einem Jahr nach dem Todestag berücksichtigt werden.

| Vergleichsfaktoren Wohnflächenpreise (€/m²) | | | | | |
|---|---|---|---|---|---|
| Wohnfläche (m²) | Baujahrsklassen, alle Lagen | | | | |
| | bis 1949 | 1950–1974 | 1975–1989 | 1990–2004 | ab 2005 |
| bis 35 | 4.420 | 3.960 | 3.500 | 4.060 | 4.890 |
| 36–70 | 3.860 | 3.650 | 3.850 | 4.000 | 4.990 |
| 71–100 | 4.340 | 3.840 | 3.980 | 4.460 | 5.530 |
| über 100 | 4.520 | 3.610 | 3.410 | 4.800 | 5.360 |

**Tab. 16:** Beispiel Vergleichsfaktoren Wohnungseigentum aus Marktbericht Karlsruhe 2022

| Vergleichsfaktoren Wohnflächenpreise (€/m²) | | | | |
|---|---|---|---|---|
| Wohnfläche (m²) | Indexierter Bodenrichtwert (€/m²) | | | |
| | | 550–599 | 600–699 | 700–750 |
| 95–104 | | 4.790 | 5.140 | 5.480 |
| 105–114 | | 4.660 | 5.000 | 5.350 |
| 115–124 | | 4.520 | 4.870 | 5.210 |
| 125–134 | | 4.390 | 4.730 | 5.080 |

**Tab. 17:** Beispiel Vergleichsfaktoren Doppel-/Reihenhäuser aus Marktbericht Karlsruhe 2022; Anwendung für Baujahre zwischen 1960 und 2010 und für Grundstücksflächen zwischen 200 und 450 m².

#### 4.1.3.4 Ertragswertverfahren

**Auf den Punkt gebracht**

Das Ertragswertverfahren ist das vorrangige Bewertungsverfahren für Mietwohngrundstücke, Geschäftsgrundstücke und gemischt-genutzte Grundstücke. Der Grundbesitzwert wird aus dem Bodenwert und dem Gebäudeertragswert ermittelt. Der Gebäudeertragswert wird in mehreren Schritten ausgehend von den Mieterträgen unter Abzug der Bewirtschaftungskosten, der Bodenwertverzinsung und durch Kapitalisierung mit einem Vervielfältiger ermittelt.

Das Ertragswertverfahren (§§ 184–188 BewG; vgl. R B 184–188 ErbStR) kommt insbesondere bei Grundstücken zur Anwendung, bei denen die Erzielung von Erträgen im Vordergrund steht. Daher sind Geschäftsgrundstücke und gemischt-genutzte Grundstücke, für die sich auf dem örtlichen Grundstücksmarkt eine übliche Miete ermitteln lässt, sowie Mietwohngrundstücke im Ertragswertverfahren zu bewerten.

## Überblick

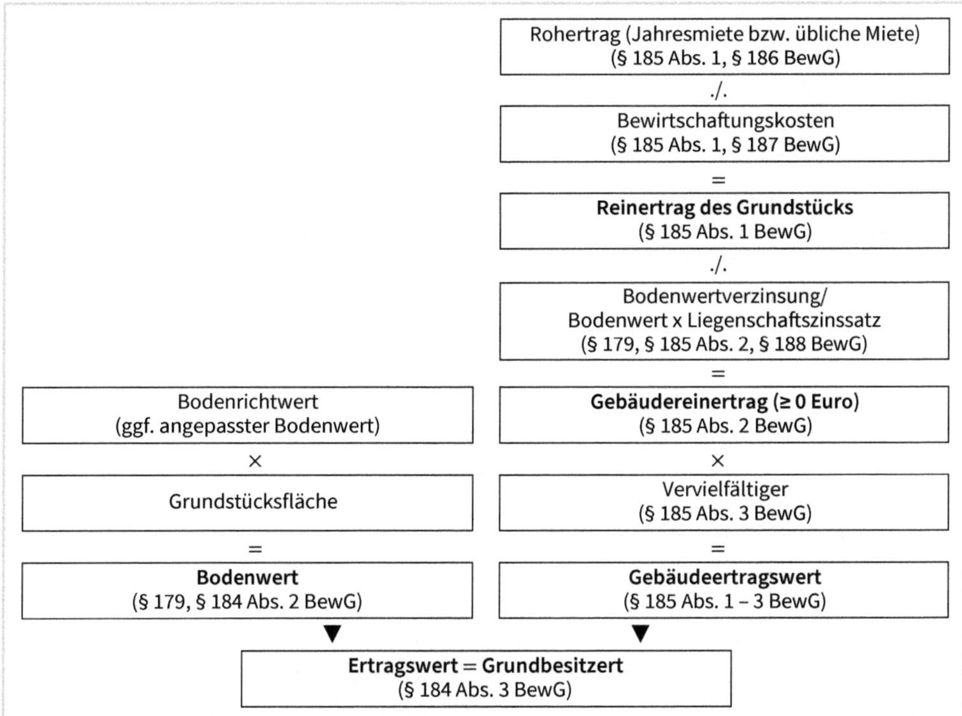


**Abb. 11:** Überblick Ertragswertverfahren (Quelle: H B 184 ErbStH)

### a) Rohertrag des Grundstücks

Zunächst ist der Rohertrag des zu bewertenden Grundstücks zu ermitteln. Der Rohertrag (§ 186 BewG) ist das Entgelt, das für die Benutzung des bebauten Grundstücks nach den im Bewertungsstichtag geltenden vertraglichen Vereinbarungen für den Zeitraum von zwölf Monaten zu zahlen ist (**tatsächliche Jahresmiete**).

**Merke**

Bei dem Entgelt handelt es sich um eine Sollmiete. Auf die tatsächlich gezahlte Miete kommt es nicht an. Bei Mietausfall ist somit trotz des geringeren Ertrags eine Bewertung auf der Grundlage der vereinbarten Miete vorzunehmen.

Neben der vertraglich vereinbarten Miete rechnen zum Entgelt auch Mieteinnahmen für Stellplätze bzw. für Nebengebäude (z. B. für Garagen) und Vergütungen für Nebenleistungen (z. B. für den Einbau einer Klimaanlage oder für die Nutzung eines Schwimmbads).

Nicht einzubeziehen sind z. B.

- Umlagen, die zur Deckung der Betriebskosten gezahlt werden,
- Einnahmen für die Überlassung von Einrichtungsgegenständen (z. B. bei möblierten Wohnungen, Ferienwohnungen, Studentenwohnheimen).

Für Grundstücke oder Grundstücksteile, die eigengenutzt, ungenutzt, zu vorübergehendem Gebrauch oder unentgeltlich überlassen sind, oder die der Eigentümer dem Mieter zu einer um mehr als 20 % von der üblichen Miete abweichenden tatsächlichen Miete überlassen hat, ist die **übliche Miete** anzusetzen.

**Beratungshinweise**

1. Es ist daher bei einem vermieteten Grundstück immer ein Vergleich der tatsächlichen Miete mit der üblichen Miete vorzunehmen. Weicht die tatsächliche Miete um mehr als 20 % von der üblichen Miete ab, kommt die übliche Miete zum Ansatz.
2. Die übliche Miete kann aus Vergleichsmieten oder Mietspiegeln abgeleitet, mit Hilfe einer Mietdatenbank geschätzt oder durch ein Mietgutachten ermittelt werden. Die Städte und größeren Gemeinden veröffentlichen regelmäßig solche Mietspiegel.

**b) Abzug der Bewirtschaftungskosten vom Rohertrag**

Vom Rohertrag sind noch die Bewirtschaftungskosten (§ 187 BewG) abzuziehen. Dies sind die bei gewöhnlicher Bewirtschaftung nachhaltig entstehenden Verwaltungskosten, Betriebskosten, Instandhaltungskosten und das Mietausfallwagnis. Durch Umlagen gedeckte Betriebskosten bleiben unberücksichtigt.

Für Bewertungsstichtage **ab dem 01.01.2023** sind die Bewirtschaftungskosten mit den nach Maßgabe des § 187 Abs. 3 BewG an den Bewertungsstichtag angepassten Einzelansätzen für Verwaltungs- und Instandhaltungskosten sowie das Mietausfallwagnis aus der Anlage 23 BewG zu berücksichtigen. Ein Ansatz in tatsächlicher Höhe oder nach Erfahrungssätzen kommt nicht in Betracht.

**Merke**

1. Die Verwaltungs- und Instandhaltungskosten für Wohnnutzung in der Anlage 23 BewG sind jährlich anhand des vom Statistischen Bundesamt festgestellten Verbraucherpreisindex für Deutschland anzupassen. Die Anpassung erfolgt mit dem Prozentsatz, um den sich der Verbraucherpreisindex für den Monat Oktober 2001 gegenüber demjenigen für den Monat Oktober des Jahres, das dem Bewertungsstichtag vorausgeht, erhöht oder verringert hat. Die indizierten Bewirtschaftungskosten sind für alle Bewertungsstichtage des Kalenderjahres anzuwenden.
2. Das Bundesministerium der Finanzen veröffentlicht den maßgebenden Verbraucherpreisindex im Bundessteuerblatt (s. BMF-Schreiben vom 27.01.2023 für 2023 bzw. 29.01.2024 für 2024).
3. Nach der Anlage 23 BewG sind die Werte für die Instandhaltungskosten pro Quadratmeter Wohn- bzw. Nutzfläche auf eine Nachkommastelle und bei den Instandhaltungskosten pro Garage oder ähnlichem Einstellplatz sowie bei Verwaltungskosten kaufmännisch auf volle Euro zu runden.

Der Verbraucherpreisindex beträgt für den Monat Oktober 2022 (2015 = 100) 122,2 und für den Monat Oktober 2001 (2015 = 100) 81,6. Hieraus ergeben sich für die Bewertungsstichtage im Jahr 2023 folgende indizierte Verwaltungs- und Instandhaltungskosten:

| I. Bewirtschaftungskosten für Wohnnutzung | Basiswerte (Anlage 23 BewG) | Werte nach Indizierung für Bewertungsstichtage in 2023 |
|---|---|---|
| **1. Verwaltungskosten** | | |
| jährlich je Wohnung | 230 € | 344 € |
| jährlich je Garage oder ähnlichen Einstellplatz | 30 € | 45 € |
| **2. Instandhaltungskosten** | | |
| jährlich je $m^2$ Wohnfläche | 9 € | 13,50 € |
| jährlich je Garage oder ähnlichen Einstellplatz | 68 € | 102 € |
| **3. Mietausfallwagnis** | | |
| jährlicher Rohertrag | 2 % | - |

**Tab. 18:** Bewirtschaftungskosten für Wohnnutzung

| II. Bewirtschaftungskosten für gewerbliche Nutzung | |
|---|---|
| **1. Verwaltungskosten** | |
| jährlicher Rohertrag | 3 % |
| **2. Instandhaltungskosten** | |
| jährlich je $m^2$ Nutzfläche (alle Gebäudearten der Anlage 24, Teil II., mit Ausnahme der nachfolgend genannten Gebäudearten) | 100 % der Instandhaltungskosten je $m^2$ Wohnfläche gem. Nr. I.2 |
| jährlich je $m^2$ Nutzfläche (Gebäudearten 15–16 und 18 der Anlage 24, Teil II.) | 30 % der Instandhaltungskosten je $m^2$ Wohnfläche gem. Nr. I.2 |
| **3. Mietausfallwagnis** | |
| jährlicher Rohertrag | 4 % |

**Tab. 19:** Bewirtschaftungskosten für gewerbliche Nutzung

**Merke**

Bei Gebäuden mit unterschiedlicher Nutzung sind die Instandhaltungskosten für jede Nutzung gesondert zu ermitteln.

Für Bewertungsstichtage des Jahres 2024 gelten folgende Werte, mit denen die Basiswerte zu indizieren sind:
Verbraucherpreisindex Oktober 2023 (2020 = 100) 117,8 und Verbraucherpreisindex Oktober 2001 (2020 = 100) 77,1.

## Beispiel

**Bewirtschaftungskosten**

Für ein Mietwohngrundstück mit einer Wohnfläche von insgesamt 800 $m^2$, verteilt auf 10 Wohnungen, und einer Gewerbeeinheit mit einer Nutzfläche von 100 $m^2$ sind die Bewirtschaftungskosten auf den Stichtag 01.02.2023 zu ermitteln. Im Untergeschoss des Mehrfamilienhauses befinden sich insgesamt 11 Tiefgaragenstellplätze, die jeweils einer Wohnung und der Gewerbeeinheit zuzuordnen sind. Von dem gesamten jährlichen Rohertrag i. H. v. 75.600 € entfallen auf die nicht zu Wohnzwecken genutzte Gewerbeeinheit einschließlich des dazugehörenden Tiefgaragenstellplatzes 8.400 €.

**Lösung**

| Bewirtschaftungskosten | |
|---|---|
| **1. Verwaltungskosten** | |
| 10 Wohnungen x 344 € | 3.440 € |
| 10 Tiefgaragenstellplätze x 45 € | 450 € |
| 3 % von 8.400 € (anteiliger Rohertrag für die Gewerbeeinheit inkl. Tiefgaragenstellplatz) | 252 € |
| **2. Instandhaltungskosten** | |
| 800 $m^2$ Wohnfläche x 13,50 € | 10.800 € |
| 100 $m^2$ Nutzfläche x 13,50 € | 1.350 € |
| 11 Tiefgaragenstellplätze x 102 € | 1.122 € |
| **3. Mietausfallwagnis:** | 1.344 € |
| 2 % vom anteiligen jährlichen Rohertrag für Wohnnutzung (67.200 €) | |
| 4 % vom anteiligen jährlichen Rohertrag für Nicht-Wohnnutzung (8.400 €) | 336 € |
| **Gesamt** | **19.094 €** |

Nach Abzug der Bewirtschaftungskosten vom Rohertrag ergibt sich der Reinertrag des Grundstücks.

### c) Verminderung des Reinertrags um Bodenwertverzinsung

Der Reinertrag des Grundstücks ist um den Betrag zu vermindern, der sich durch eine angemessene Verzinsung des Bodenwerts ergibt; dies ergibt den Gebäudereinertrag. Der Verzinsung des Bodenwerts ist der Liegenschaftszinssatz (§ 188 BewG) zugrunde zu legen (§ 185 Abs. 2 BewG).

**Merke**

Grund hierfür ist, dass der Reinertrag für ein bebautes Grundstück sowohl die Verzinsung für den Grund und Boden als auch für die auf dem Grundstück vorhandenen Gebäude enthält.

Hierzu ist der Bodenwert mit dem Liegenschaftszinssatz zu multiplizieren. Liegenschaftszinssätze sind Kapitalisierungszinssätze, mit denen Verkehrswerte von Grundstücken je nach Grundstücksart im Durchschnitt marktüblich verzinst werden. Der Bewertung sind grundsätzlich die von den Gutachterausschüssen ermittelten Liegenschaftszinssätze zugrunde zu legen. Hilfsweise muss auf die in § 188 Abs. 2 Satz 2 BewG geregelten Auffangwerte zurückgegriffen werden. Diese gelten für Bewertungsstichtage ab 2023. Diese wurden teilweise deutlich abgesenkt, was zu höheren Grundstückswerten führt.

| Grundstücksart | Liegenschaftszinssatz |
|---|---|
| Mietwohngrundstücke | 3,5% |
| Gemischt-genutzte Grundstücke mit einem gewerblichen Anteil von bis zu 50%, berechnet nach der Wohn- und Nutzfläche | 4,5% |
| Gemischt-genutzte Grundstücke mit einem gewerblichen Anteil von mehr als 50%, berechnet nach der Wohn- und Nutzfläche | 5,0% |
| Geschäftsgrundstücke | 6,0% |

**Tab. 20:** Liegenschaftszinssätze nach § 188 Abs. 2 BewG

Nach Abzug der Bodenwertverzinsung vom Reinertrag ergibt sich der Gebäudereinertrag.

Verbleibt nach Abzug der Bodenwertverzinsung kein oder ein negativer Betrag ist nach § 184 Abs. 3 Satz 2 BewG der Bodenwert anzusetzen (Mindestwert).

**d) Ermittlung des Gebäudeertragswerts**

Der Gebäudereinertrag ist zur Ermittlung des Gebäudeertragswerts (§ 185 Abs. 3 BewG) mit dem sich aus der Anlage 21 zum BewG ergebenden Vervielfältiger zu kapitalisieren.

Maßgebend für den Vervielfältiger sind

- der Liegenschaftszinssatz und
- die Restnutzungsdauer des Gebäudes.

Die Restnutzungsdauer wird grundsätzlich aus dem Unterschiedsbetrag zwischen der wirtschaftlichen Gesamtnutzungsdauer, die sich aus der Anlage 22 ergibt, und dem Alter des Gebäudes am Bewertungsstichtag ermittelt. Das Alter des Gebäudes ist durch Abzug des Jahres der Bezugsfertigkeit des Gebäudes vom Jahr des Bewertungsstichtags zu bestimmen. Die Restnutzungsdauer eines noch nutzbaren Gebäudes beträgt mindestens 30% der Gesamtnutzungsdauer.

**Merke**

Die wirtschaftliche Gesamtnutzungsdauer von Ein- und Zweifamilienhäusern, Wohnungseigentum, Mietwohngrundstücken und gemischt-genutzten Grundstücken (Wohnhäuser mit Mischnutzung) beträgt für Bewertungsstichtage vom 01.01.2016 bis 31.12.2022 jeweils 70 Jahre, für Bewertungsstichtage ab dem 01.01.2023 jeweils 80 Jahre.

Sind nach Bezugsfertigkeit des Gebäudes Veränderungen eingetreten, die die Restnutzungsdauer des Gebäudes wesentlich verlängert haben, ist von der entsprechend verlängerten Restnutzungsdauer auszugehen.

| Restnutzungs-dauer (Jahre) | Liegenschaftszinssatz | | | |
|---|---|---|---|---|
| | 3,5% | 4,5% | 5% | 6% |
| 20 | 14,21 | 13,01 | 12,46 | 11,47 |
| 30 | 18,39 | 16,29 | 15,37 | 13,76 |
| 40 | 21,36 | 18,40 | 17,16 | 15,05 |
| 50 | 23,46 | 19,76 | 18,26 | 15,76 |

**Tab. 21:** Auszug Vervielfältiger aus Anlage 21 zum BewG

Durch Multiplikation des Gebäudereinertrags mit dem Vervielfältiger nach Anlage 21 ergibt sich der Gebäudeertragswert. Dieser ist mit dem Bodenwert zusammenzurechnen und ergibt dann den Ertragswert bzw. Grundbesitzwert, der dem Erblasser bzw. Schenker (ggf. anteilig) zuzurechnen ist.

### Beispiel

**Grundstücksbewertung im Ertragswertverfahren (Fortsetzung des Beispiels Bewirtschaftungskosten)**

Erwerb Mietwohngrundstück mit 10 Wohnungen (Wohnfläche 800 m²) und einer Gewerbeeinheit mit einer Nutzfläche von 100 m² am 01.02.2023; Baujahr/Bezugsfertigkeit 2003; gesamter jährlicher Rohertrag 75.600 €; Bewirtschaftungskosten 19.094 €; Bodenwert 247.500 €.

**Lösung**

| | | |
|---|---|---|
| | Rohertrag | 75.600,00 € |
| ./. | Bewirtschaftungskosten | 19.094,00 € |
| = | Grundstücksreinertrag | 56.506,00 € |
| ./. | Bodenwertverzinsung: Bodenwert 247.500 € × 3,5% (Mietwohngrundstück) | 8.662,50 € |
| = | Gebäudereinertrag | 47.843,50 € |
| | Gebäudeertragswert: Gebäudereinertrag 47.843,50 € × (Vervielfältiger nach Anlage 21) 24,94 (Restnutzungsdauer 60 Jahre; Zinssatz 3,5%) | 1.193.216,89 € |
| | **Ertragswert:** Bodenwert 247.500 € zzgl. Gebäudeertragswert 1.193.216,89 € = | **1.440.716,89 €** |

## 4.1.3.5 Sachwertverfahren

**Auf den Punkt gebracht**

Das Sachwertverfahren kommt vorrangig bei sonstigen bebauten Grundstücken in Betracht. Daneben ist es das Auffangverfahren für Ein- und Zweifamilienhäuser, Wohnungseigentum, Teileigentum, gemischtgenutzte Grundstücke und Geschäftsgrundstücke. Der Grundbesitzwert wird aus dem Bodenwert und dem Gebäudesachwert ermittelt. Der Gebäudesachwert wird aus den indexierten Regelherstellungskosten, der Brutto-Grundfläche, dem Regionalfaktor und dem Alterswertminderungsfaktor errechnet.

Das Sachwertverfahren (§§ 189–191 BewG; vgl. R B 189–191 ErbStR) kommt insbesondere bei den bebauten Grundstücken in Betracht, bei denen es für die Werteinschätzung am Grundstücksmarkt nicht in erster Linie auf den Ertrag ankommt, sondern die Herstellungskosten im gewöhnlichen Geschäftsverkehr wertbestimmend sind (z. B. sonstige bebaute Grundstücke).

Zudem ist es das Auffangverfahren für Wohnungseigentum, Teileigentum, Ein- und Zweifamilienhäuser, soweit ein Vergleichswert nicht vorliegt, sowie für Geschäftsgrundstücke und gemischt-genutzte Grundstücke, für die sich auf dem örtlichen Grundstücksmarkt keine übliche Miete ermitteln lässt.

**Überblick**

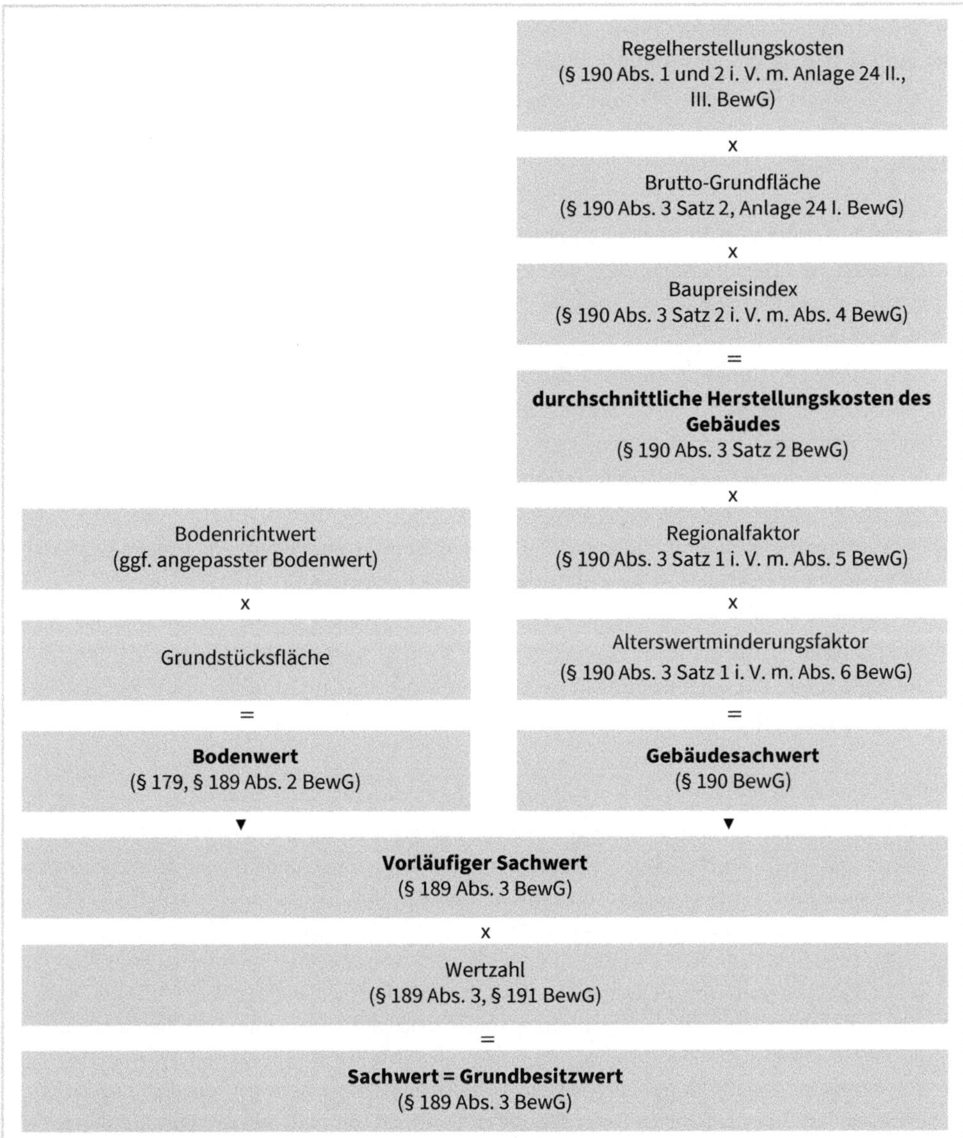


**Abb. 12:** Überblick Sachwertverfahren (Quelle: H B 189 ErbStH)

Beim Sachwertverfahren sind für die auf dem Grundstück enthaltenen Gebäude, Nebengebäude (z. B. Garage) und die Außenanlagen (z. B. Platzbefestigung, Einfriedungsmauer, Schwimmbecken) jeweils die Gebäudesachwerte zu ermitteln.

Es sind nur besonders werthaltige Außenanlagen zu berücksichtigen. Hiervon ist auszugehen, wenn ihre Sachwerte nach Alterswertminderung in der Summe 10 % des Gebäudesachwerts übersteigen (vgl. R B 190.5 ErbStR).

**a) Ermittlung der durchschnittlichen Herstellungskosten**

Für Bewertungsstichtage ab dem 01.01.2023 werden zunächst die durchschnittlichen Herstellungskosten des Gebäudes ermittelt. Diese ergeben sich gemäß § 190 Abs. 3 Satz 2 BewG durch Multiplikation der Regelherstellungskosten i. S. d. § 190 Abs. 1 und 2 i. V. m. Anlage 24 Teil II. und III. BewG mit der jeweiligen Brutto-Grundfläche des Gebäudes und dem Baupreisindex i. S. d. § 190 Abs. 4 BewG.

**Reihenfolge Ermittlung durchschnittliche Herstellungskosten**

1. Zunächst ist über die Anlage 24, Teil II, die genaue Gebäudeart auszuwählen (z. B. 1.12: freistehendes Einfamilienhaus, Keller-, Erd- und Obergeschoss vorhanden, Dachgeschoss nicht ausgebaut).
2. Danach ist der Gebäudestandard des Gebäudes mittels der Beschreibung in Anlage 24, Teil III, zu verwenden. Der Gebäudestandard wird regelmäßig anhand von fünf Standardstufen (einfachst, einfach, Basis, gehoben und aufwendig) bestimmt, die sich nach den Standardmerkmalen der Bauteile unterscheiden.
3. Für jedes Bauteil (Außenwände, Dach, Fenster und Außentüren, Innenwände und -türen, Deckenkonstruktion und Treppen, Fußböden, Sanitäreinrichtungen, Heizung, sonstige technische Ausstattung) ist eine Standardstufe zu bestimmen.
4. Bei den Wohngebäuden (Gebäudearten 1.01 – 5.1) sind die Bauteile zusätzlich nach Wägungsanteilen zu gewichten.
5. Die ermittelten Regelherstellungskosten sind mit der Brutto-Grundfläche zu multiplizieren und dem maßgebenden Baupreisindex anzupassen.

**Merke**

1. Die Anpassung der Regelherstellungskosten erfolgt jährlich neu anhand der vom Statistischen Bundesamt ermittelten Baupreisindizes, die vom BMF im Bundessteuerblatt veröffentlicht werden (Baupreisindizes für Bewertungsstichtage im Jahr 2024 lt. BMF-Schreiben vom 30.01.2024: 177,9 bei Wohngebäuden und 181,3 bei Garagen).
2. Die Brutto-Grundfläche ist die Summe aus den Grundflächen aller Grundrissebenen eines Bauwerks und aus deren konstruktiven Umschließungen. Sie darf nicht mit der Wohnfläche verwechselt werden. Maßgeblich für deren Ermittlung sind nämlich die Außenmaße des Gebäudes bzw. der Raumeinheiten.
3. Die Brutto-Grundfläche für Wohnungseigentum in Mehrfamilienhäusern kann mit dem 1,55-fachen der Wohnfläche angenommen werden. Dies gilt entsprechend auch für die Ermittlung der Brutto-Grundfläche bei Tiefgaragen-Stellplätzen (vgl. Anlage 24 zum BewG Tz. 4; H B 190.6 ErbStH).

## Beispiel

**Ermittlung durchschnittliche Herstellungskosten**

Zum Todestag 01.04.2024 ist eine Bewertung eines Einfamilienhauses erforderlich. Es liegt die Gebäudeart 1.12 vor (freistehendes Einfamilienhaus, Keller-, Erd- und Obergeschoss vorhanden, Dachgeschoss nicht ausgebaut). Die Brutto-Grundfläche des Gebäudes beträgt 265 $m^2$. Für die Bauteile Dach, Fenster und Außentüren, Deckenkonstruktion und Treppen, Fußböden, Sanitäreinrichtung, Heizung und sonstige technische Ausstattung liegt eine Ausstattung nach Standardstufe 3 (Basisausstattung) vor. Bei den Bauteilen Außenwände und Innenwände/-türen ist eine einfache Ausstattung anzunehmen (Standardstufe 2).

**Lösung**

Die Regelherstellungskosten für ein freistehendes Einfamilienhaus der Gebäudeart 1.12 ermitteln sich bei den vorliegenden unterschiedlichen Standardstufen und unter Berücksichtigung der Wägungsanteile wie folgt:

| Bauteil | Standardstufe | | | | | Wägungsanteil % |
|---|---|---|---|---|---|---|
| | 1 | 2 | 3 | 4 | 5 | |
| Außenwände | | x | | | | 23 |
| Dach | | | x | | | 15 |
| Fenster und Außentüren | | | x | | | 11 |
| Innenwände und -türen | | x | | | | 11 |
| Decken und Treppen | | | x | | | 11 |
| Fußböden | | | x | | | 5 |
| Sanitäreinrichtungen | | | x | | | 9 |
| Heizung | | | x | | | 9 |
| Sonstige technische Ausstattung | | | x | | | 6 |
| Regelherstellungskosten in €/$m^2$ für Gebäudeart 1.12 | **570** | **635** | **730** | **880** | **1.100** | |

| Berücksichtigung Wägungsanteile der einzelnen Bauteile je m² Brutto-Grundfläche (BGF) | | €/m² BGF* |
|---|---|---|
| Außenwände | 635 €/m² × 23% | 146 |
| Dach | 730 €/m² × 15% | 110 |
| Fenster und Außentüren | 730 €/m² × 11% | 80 |
| Innenwände und -türen | 635 €/m² × 11% | 70 |
| Decken und Treppen | 730 €/m² × 11% | 80 |
| Fußböden | 730 €/m² × 5% | 37 |
| Sanitäreinrichtungen | 730 €/m² × 9% | 66 |
| Heizung | 730 €/m² × 9% | 66 |
| Sonstige technische Ausstattung | 730 €/m² × 6% | 44 |
| RHK in €/m² BGF (gewichtet und mathematisch gerundet) | | 699 |

* Rundung mathematisch gemäß H B 190.3 ErbStH

Die ermittelten Regelherstellungskosten je m² i. H. v. 699 € sind noch mit der Brutto-Grundfläche von 265 m² und dem Baupreisindex auf den Bewertungsstichtag 01.04.2024 (177,9 für Wohngebäude im Jahr 2024) zu multiplizieren.

Durchschnittliche Herstellungskosten:
Regelherstellungskosten 699 € × Brutto-Grundfläche 265 m² x Baupreisindex 177,9/100 = 329.533 € (abgerundet).

**b) Berücksichtigung des Regionalfaktors**
In einem nächsten Schritt werden zur Ermittlung des Gebäudesachwerts die durchschnittlichen Herstellungskosten des Gebäudes mit dem Regionalfaktor gem. § 190 Abs. 5 BewG multipliziert (§ 190 Abs. 3 Satz 1 BewG). Zur Berücksichtigung des Unterschieds zwischen dem bundesdurchschnittlichen und dem regionalen Baukostenniveau sind die Regelherstellungskosten des jeweiligen Gebäudes mit dem Regionalfaktor zu multiplizieren, der vom Gutachterausschuss bei der Ableitung der Sachwertfaktoren nach § 191 Satz 1 BewG zugrunde gelegt worden ist. Liegt vom Gutachterausschuss kein Sachwertfaktor vor oder ist dieser nicht geeignet, kommt der Regionalfaktor in Höhe von 1,0 zur Anwendung (§ 190 Abs. 5 Satz 3 BewG).

Garagen und Außenanlagen teilen bei der Anwendung des Regionalfaktors im Allgemeinen das Schicksal der Hauptgebäude.

**c) Multiplikation mit Alterswertminderungsfaktor**
Die durchschnittlichen Herstellungskosten des Gebäudes sind nach Berücksichtigung des Regionalfaktors mit dem Alterswertminderungsfaktor (§ 190 Abs. 6 ErbStG) zu multiplizieren (§ 190 Abs. 3 Satz 1 BewG).

Der Alterswertminderungsfaktor entspricht dem Verhältnis der Restnutzungsdauer des Gebäudes am Bewertungsstichtag zur Gesamtnutzungsdauer nach Anlage 22. Die Restnutzungsdauer wird grundsätzlich aus dem Unterschiedsbetrag zwischen der Gesamtnutzungsdauer, die sich aus der Anlage 22 ergibt, und dem Alter des Gebäudes am Bewertungsstichtag ermittelt (grundsätzlich 80 Jahre). Das Alter des Gebäudes ist durch Abzug des Jahres der Bezugsfertigkeit des Gebäudes vom Jahr des Bewertungsstichtags zu bestimmen. Der Alterswertminderungsfaktor ist in der für die Steuerpflichtigen günstigsten Weise auf drei Nachkommastellen auf- oder abzurunden.

**Beispiel**

**Berechnung Alterswertminderungsfaktor**

Einfamilienhaus im Nachlass; Bewertungsstichtag 01.05.2024; Baujahr/Bezugsfertigkeit 1996; durchschnittliche Herstellungskosten 350.000 €; Regionalfaktor 1,0.

**Lösung**

Die wirtschaftliche Gesamtnutzungsdauer eines Einfamilienhauses beträgt 80 Jahre. Das Alter zum Bewertungsstichtag beträgt 28 Jahre. Die Restnutzungsdauer beträgt 52 Jahre. Die Mindestrestnutzungsdauer ist überschritten (30 % von 80 Jahren = 24 Jahre). Der Alterswertminderungsfaktor beträgt daher 52/80 = 0,650. Die durchschnittlichen Herstellungskosten i. H. v. 350.000 € sind daher mit 0,650 zu multiplizieren, was einen Gebäudesachwert i. H. v. 227.500 € ergibt.

Sind nach Bezugsfertigkeit des Gebäudes Veränderungen eingetreten, die die wirtschaftliche Gesamtnutzungsdauer des Gebäudes verlängert oder verkürzt haben (z. B. umfangreiche Modernisierungsmaßnahmen), ist von einer der Verlängerung oder Verkürzung entsprechenden Restnutzungsdauer auszugehen (vgl. § 190 Abs. 6 Satz 3 BewG).

Die Restnutzungsdauer eines noch nutzbaren Gebäudes beträgt mindestens 30 % der Gesamtnutzungsdauer (§ 190 Abs. 6 Satz 4 BewG).

Der nach den vorgenannten Schritten ermittelte Gebäudesachwert ist noch mit dem Bodenwert zusammenzurechnen, was den vorläufigen Sachwert ergibt (§ 189 Abs. 3 Satz 1 BewG).

### d) Anpassung an den gemeinen Wert durch Wertzahl

Der vorläufige Sachwert ist noch mit einer Wertzahl nach § 191 BewG zu multiplizieren (§ 189 Abs. 3 Satz 2 BewG). Ergebnis ist dann der Sachwert bzw. Grundbesitzwert des Grundstücks.

**Merke**

Hierbei sind vorrangig die von den Gutachterausschüssen ermittelten Wertzahlen anzuwenden. Soweit diese nicht zur Verfügung stehen, sind die in der Anlage 25 zum BewG bestimmten Wertzahlen zu verwenden. Diese sind abhängig von der Grundstücksart, dem Bodenrichtwert und dem vorläufigen Sachwert.

| Vorläufiger Sachwert § 189 Abs. 3 BewG | Bodenrichtwert oder abgeleiteter Bodenwert in €/m² nach § 179 Satz 4 BewG | | | |
|---|---|---|---|---|
| | 250 €/m² | 350 €/m² | 500 €/m² | 1000 €/m² |
| 50.000 € | 1,7 | 1,7 | 1,8 | 1,8 |
| 100.000 € | 1,5 | 1,5 | 1,6 | 1,7 |
| 150.000 € | 1,3 | 1,4 | 1,5 | 1,6 |
| 200.000 € | 1,3 | 1,4 | 1,5 | 1,6 |
| 300.000 € | 1,2 | 1,3 | 1,4 | 1,5 |
| 400.000 € | 1,2 | 1,3 | 1,4 | 1,5 |
| 500.000 € | 1,1 | 1,2 | 1,3 | 1,4 |

**Tab. 22:** Auszug Wertzahlen für EFH, ZFH und WEG aus Anlage 25 zum BewG

## Beispiel

**Berechnung Wertzahl**

Zu ermitteln ist die Wertzahl (k) für ein Wohnungseigentum mit einem vorläufigen Sachwert von 70.000 € und einem Bodenrichtwert von 400 €/m²:

**Lösung**

Berechnung:

$$k1 = 1{,}7 \text{ ./. } (70.000\,€ \text{ ./. } 50.000\,€) \times \frac{1{,}7 \text{ ./. } 1{,}5}{100.000\,€ \text{ ./. } 50.000\,€} = 1{,}620$$

$$k2 = 1{,}8 \text{ ./. } (70.000\,€ \text{ ./. } 50.000\,€) \times \frac{1{,}8 \text{ ./. } 1{,}6}{100.000\,€ \text{ ./. } 50.000\,€} = 1{,}720$$

$$k = 1{,}620 + (400\,€/m^2 \text{ ./. } 350\,€/m^2) \times \frac{1{,}720 \text{ ./. } 1{,}620}{500\,€/m^2 \text{ ./. } 350\,€/m^2} = 1{,}653$$

Die Wertzahl für das Wohnungseigentum mit einem vorläufigen Sachwert von 70.000 € und einem Bodenrichtwert von 400 €/m² beträgt damit 1,653.

### 4.1.4 Nachweis eines niedrigeren gemeinen Werts

In Einzelfällen kann es vorkommen, dass der Wert nach den typisierenden Bewertungsverfahren des BewG über den tatsächlichen Wert eines Grundstücks hinausgeht. Der Steuerpflichtige kann daher gegenüber dem Finanzamt nachweisen, dass der tatsächliche gemeine Wert im Besteuerungszeitpunkt niedriger ist (Nachweis niedrigerer gemeiner Wert, § 198 BewG).

Hierbei besteht die Möglichkeit, sämtliche wertbeeinflussende Umstände bzw. Belastungen bei der Ermittlung des gemeinen Werts zu berücksichtigen (z. B. Altlasten, Emissionen und Immissionen, Grunddienstbarkeiten und persönliche Nutzungsrechte).

Als Nachweis ist regelmäßig ein Gutachten des örtlich zuständigen Gutachterausschusses i.S.d. §§ 192 ff. BauGB, eines öffentlich bestellten und vereidigten Sachverständigen für die Bewertung von Grundstücken oder von Personen, die von einer nach DIN EN ISO/IEC 17024 akkreditierten Stelle als Sachverständige oder Gutachter für die Wertermittlung von Grundstücken nach entsprechender Norm zertifiziert worden sind, erforderlich. Ein Gutachten einer Bank ist damit nicht ausreichend.

**Beratungshinweise**

1. Nachdem die Kosten eines Grundstücksgutachtens regelmäßig einen vierstelligen Betrag ausmachen, sollte ein Gutachten dann in Erwägung gezogen werden, wenn die Gutachtenkosten niedriger sind als eine dadurch mögliche Erbschaftsteuerersparnis.
2. Grundstücksgutachten können auch in Fällen einer Erbengemeinschaft erforderlich sein, wenn Grundstücke auf die Miterben aufgeteilt werden sollen und Ausgleichszahlungen ermittelt werden müssen.

Statt eines Grundstücksgutachtens kann auch ein im gewöhnlichen Geschäftsverkehr innerhalb eines Jahres vor oder nach dem Bewertungsstichtag zustande gekommener Kaufpreis über das zu bewertende Grundstück als Nachweis des niedrigeren gemeinen Werts dienen. Bei unveränderten Verhältnissen gilt dies auch für einen Kaufpreis außerhalb dieses Zeitraums.

Ist ein erzielter Kaufpreis nach dem Bewertungsstichtag höher als der steuerliche Wert des Grundstücks, wird als gemeiner Wert nicht der Verkaufspreis, sondern der steuerliche Wert angesetzt.

**Merke**

Die Bewertung anhand eines vorliegenden, zeitnahen Kaufpreises hat regelmäßig Vorrang vor der Bewertung mittels eines Gutachtenwerts.

## 4.2 Bewertung von land- und forstwirtschaftlichem Vermögen

**Auf den Punkt gebracht**

Die Bewertung des land- und forstwirtschaftlichen Vermögens (z.B. einzelne Äcker, Wiesen, Wald) kommt in der Praxis eher seltener vor, da dieses häufig einen geringen Wert ausmacht und damit insbesondere beim Erwerb von Ehegatten und Kindern steuerfrei bleibt. Der Wert des Wirtschaftsteils ist im Ertragswertverfahren unter Ansatz eines Mindestwerts zu ermitteln. Bei Veräußerung des LuF-Vermögens innerhalb von 15 Jahren erfolgt eine Nachbewertung mit dem höheren Liquidationswert.

### 4.2.1 Begriff des land- und forstwirtschaftlichen Vermögens

Zum land- und forstwirtschaftlichen Vermögen gehören alle Wirtschaftsgüter, die einem Betrieb der LuF zu diesem Zweck auf Dauer zu dienen bestimmt sind (§ 158 Abs. 1 Satz 2 ErbStG).

Das LuF-Vermögen ist vom Grundvermögen abzugrenzen (§ 159 BewG). LuF-Vermögen liegt vor, wenn für die entsprechenden Grundstücke eines der folgenden Merkmale zutrifft:

- Fehlen eines Bebauungsplans; Einstufung im Bebauungsplan nicht als Bauland, aber z. B. als Grünfläche, Verkehrsfläche oder Hoffläche;
- fehlende Möglichkeit der sofortigen Bebauung; im benachbarten Bereich noch keine begonnene oder durchgeführte Bebauung.

**Merke**

Da LuF-Vermögen grundsätzlich niedriger bewertet wird als Grundvermögen, ist die Zuordnung zur entsprechenden Vermögensart für die Praxis von Bedeutung. Bei Vorliegen der vorgenannten Merkmale kann ein Grundstück dem LuF-Vermögen zugerechnet werden, was erbschaftsteuerlich günstiger ist.

### 4.2.2 Umfang des Betriebs der Land- und Forstwirtschaft

Ein Betrieb der Land- und Forstwirtschaft (§ 160 BewG) umfasst

- den Wohnteil,
- die Betriebswohnungen und
- den Wirtschaftsteil.

### 4.2.3 Bewertung des Wohnteils und der Betriebswohnungen

Der Wohnteil und die Betriebswohnungen werden wie Grundvermögen bewertet (§ 167 BewG). Der Nachweis eines niedrigeren gemeinen Werts ist möglich.

### 4.2.4 Bewertung des Wirtschaftsteils

Bei der Bewertung des Wirtschaftsteils (§§ 162–164 BewG) ist der gemeine Wert zugrunde zu legen. Der Wert des Wirtschaftsteils ist grundsätzlich im Ertragswertverfahren zu ermitteln (Wirtschaftswert, § 163 BewG). Dabei darf der Mindestwert nach § 164 BewG nicht unterschritten werden.

#### 4.2.4.1 Ermittlung der Wirtschaftswerte – Ertragswertverfahren

Maßgebend ist der nachhaltig erzielbare Reingewinn (§ 163 Abs. 1 BewG). Hierbei ist der Reingewinn je Hektar, der sich aus § 163 Abs. 3 ff. BewG und den Anlagen 14–18 ergibt, zunächst mit der Hektarfläche und danach mit dem Faktor 18,6 zu multiplizieren.

#### 4.2.4.2 Ermittlung des Mindestwerts

Der Mindestwert des Wirtschaftsteils setzt sich aus dem Wert für den Grund und Boden sowie dem Wert der übrigen Wirtschaftsgüter zusammen (§ 164 Abs. 1 BewG). Der für den Wert des Grund und Bodens zu ermittelnde Pachtpreis pro Hektar bestimmt sich nach der Nutzung, dem Nutzungsteil und der Nutzungsart des Grund und Bodens (Anlagen 14–18) und ist mit den Eigentumsflächen zu vervielfältigen. Das Ergebnis ist mit dem Faktor von 18,6 zu multiplizieren. Gleiches gilt für den Wert der übrigen Wirtschaftsgüter (Besatzkapital).

Diese Werte sind noch um die damit in wirtschaftlichem Zusammenhang stehenden Verbindlichkeiten zu mindern. Der Mindestwert, der sich hiernach ergibt, darf nicht weniger als 0 € betragen.

#### 4.2.4.3 Nachbewertungsvorbehalt

Wird der Betrieb der Land- und Forstwirtschaft oder werden wesentliche Betriebsgrundlagen innerhalb von 15 Jahren nach dem Besteuerungszeitpunkt veräußert bzw. entnommen, greift rückwirkend die Bewertung mit dem Liquidationswert (§§ 162 Abs. 3 und 4, 166 BewG).

Der Grund und Boden ist hierbei mit dem zuletzt vor dem Bewertungsstichtag ermittelten Bodenrichtwert und die übrigen Wirtschaftsgüter sind mit ihrem gemeinen Wert zu bewerten. Zur Berücksichtigung der Liquidationskosten sind die vorgenannten Werte um 10% zu mindern.

**Merke**

Beim Erwerb von LuF-Vermögen können die Verschonungen nach §§ 13a ff. ErbStG gewährt werden. Bei Veräußerung oder Aufgabe des Betriebs der LuF innerhalb von 15 Jahren erfolgt die Bewertung des Wirtschaftsteils mit dem höheren Liquidationswert. Hierbei können die Verschonungen nach § 13a ff. ErbStG entfallen und eine Nachversteuerung mit dem höheren Liquidationswert erfolgen.

#### 4.2.4.4 Besonderheiten bei Stückländereien

Stückländereien sind einzelne land- und forstwirtschaftlich genutzte Flächen, die am Bewertungsstichtag **für mindestens 15 Jahre** einem anderen Betrieb der LuF zu dienen bestimmt sind (§ 160 Abs. 7, § 168 Abs. 2 BewG). Nach § 13b Abs. 1 Nr. 1 ErbStG sind solche Stückländereien jedoch kein begünstigungsfähiges Vermögen und unterliegen daher nicht der Verschonung nach § 13a ErbStG.

**Beratungshinweis**

Einzelne land- und forstwirtschaftliche genutzte Grundstücke (z. B. verpachtete Äcker und Wiesen), die am Bewertungsstichtag für **weniger als 15 Jahre** verpachtet sind (sog. unechte Stückländereien), stellen jedoch einen Betrieb der LuF dar und unterliegen der Verschonung nach § 13a ErbStG (vgl. R B 158.1 Abs. 2 Satz 2 ErbStR).

## 4.3 Bewertung von Unternehmensvermögen

**Auf den Punkt gebracht**

Eine Unternehmensbewertung ist durchzuführen, wenn im Erbfall oder bei einer Schenkung z. B. ein Einzelunternehmen, eine Beteiligung an einer Personengesellschaft oder nicht börsennotierte Anteile an einer Kapitalgesellschaft auf einen Erwerber übergehen. Daneben ist eine Unternehmensbewertung auch für ertragsteuerliche Bewertungsanlässe (z. B. Wegzugsbesteuerung, Funktionsverlagerungen) erforderlich. Als Bewertungsmethoden kommen dabei vorrangig das vereinfachte Ertragswertverfahren und das Substanzwertverfahren in Betracht.

Das Unternehmensvermögen ist ab dem 01.01.2009 grundsätzlich mit dem gemeinen Wert (Verkehrswert) anzusetzen (§ 11 Abs. 2 Satz 1 BewG). Der gemeine Wert ist vorrangig aus zeitnahen Verkäufen vergleichbarer Vermögenswerte abzuleiten. Soweit dies nicht möglich ist, sind Bewertungsmethoden geregelt, deren Ziel ebenfalls die Bewertung zum gemeinen Wert ist.

Für die Ermittlung des Werts von nicht notierten Anteilen an Kapitalgesellschaften und des Werts von Einzelunternehmen, Personengesellschaften und freiberuflichem Vermögen gelten ab dem 01.01.2009 die gleichen Bewertungsmethoden (rechtsformneutrale Bewertung).

**Merke**

Anteile an Kapitalgesellschaften, die an einer Börse gehandelt werden (z. B. Anteile an einer Aktiengesellschaft) werden mit dem zum Bewertungsstichtag vorhandenen Kurswert nach § 11 Abs. 1 BewG angesetzt.

### 4.3.1 Überblick Unternehmensbewertungsmethoden nach § 11 Abs. 2 BewG

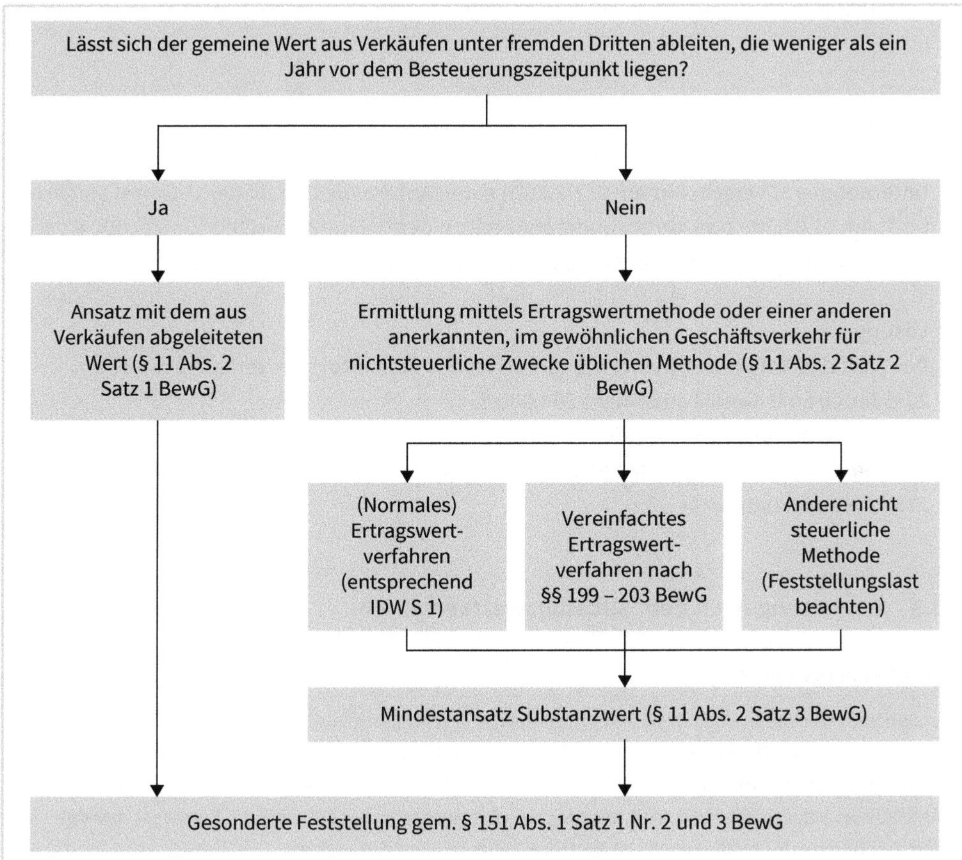


**Abb. 13:** Überblick Unternehmensbewertungsmethoden nach § 11 Abs. 2 BewG (Quelle: Neufang Akademie, Calw)

### 4.3.2 Ableitung des gemeinen Werts aus Verkäufen

**Auf den Punkt gebracht**

Die Ableitung eines Unternehmenswerts aus Verkäufen ist die vorrangige Bewertungsmethode. Sie kommt nur in Betracht, wenn ein Verkauf von Anteilen des gleichen Unternehmens innerhalb eines Jahres vor dem Todestag bzw. Schenkungstag vorliegt. In der Praxis ist diese Methode eher selten anzuwenden.

Der gemeine Wert ist vorrangig aus Verkäufen abzuleiten, die innerhalb eines Jahres vor dem Bewertungsstichtag im gewöhnlichen Geschäftsverkehr zwischen fremden Dritten erfolgt sind (Ableitung aus Verkäufen, § 11 Abs. 2 Satz 2 erster Halbsatz BewG; vgl. R B 11.2 Abs. 1 ErbStR).

**Merke**

Ableitungen aus Verkäufen sind insbesondere bei Veräußerungen von Gesellschaftsbeteiligungen (z. B. von GmbH- oder KG-Anteilen) vorzunehmen.

**Beispiel**

Unternehmer U verschenkt am 01.01.2024 einen Anteil von 35% an der U-GmbH an Tochter T. Am 01.07.2023 wurde ein anderer Anteil an der U-GmbH von 20% für 500.000 € veräußert. Welchen Wert hat der Anteil des U an der U-GmbH zum 01.01.2024?

**Lösung**

Der Wert des Anteils des U an der U-GmbH ist aus dem erfolgten Verkauf abzuleiten.
20% Anteil an U-GmbH entspricht 500.000 €,
35% Anteil an U-GmbH entspricht 875.000 €.
Der gemeine Wert des Anteils des U von 35% an der U-GmbH ist zum 01.01.2024 daher mit 875.000 € anzunehmen.

### 4.3.3 Bewertung nach dem Substanzwertverfahren

**Auf den Punkt gebracht**

Der Substanzwert ist beim Erwerb von Unternehmensvermögen grundsätzlich zu ermitteln (Ausnahmen: Kurswert oder Drittverkaufspreis vorhanden). Hierbei erfolgt eine Einzelbewertung der Wirtschaftsgüter mit dem gemeinen Wert (≠ Buchwert). Der Substanzwert stellt den Mindestwert eines Unternehmens dar und ist mit dem vereinfachten Ertragswert oder einem Gutachtenwert zu vergleichen. Der höhere der beiden Werte ist als Unternehmenswert anzusetzen.

Bei der Ermittlung des gemeinen Werts des Betriebsvermögens bzw. von Anteilen an Kapitalgesellschaften darf die Summe der gemeinen Werte der zum Betriebsvermögen gehörenden Wirtschaftsgüter abzgl. der zum Betriebsvermögen gehörenden Schulden nicht unterschritten werden (Substanzwert; vgl. R B 11.5 und 6 ErbStR). Der Substanzwert stellt daher den Mindestwert eines Unternehmens dar (§ 11 Abs. 2 Satz 3 BewG).

**Beratungshinweis**

Bei der Ermittlung eines Unternehmenswerts sind grundsätzlich zwei Bewertungen vorzunehmen. Einmal eine Bewertung nach den Ertragsaussichten (z. B. vereinfachter Ertragswert oder Gutachtenwert) und zum anderen eine Bewertung nach dem Substanzwertverfahren.

Beim Substanzwertverfahren erfolgt eine Einzelbewertung der Wirtschaftsgüter und Schulden. Anzusetzen ist jeweils der im gewöhnlichen Geschäftsverkehr nach der Beschaffenheit des Wirtschaftsguts realisierbare Veräußerungspreis bzw. der Wiederbeschaffungswert (gemeiner Wert). Hierbei sind die enthaltenen stillen Reserven bzw. stillen Lasten zu berücksichtigen.

**Beratungshinweis**

Ein Verzicht auf die Ermittlung des Substanzwerts ist möglich, wenn ohne weiteres erkennbar ist, dass das Ertragswertverfahren zu einem eindeutig höheren Wert führt (z. B. bei einer Freiberuflerpraxis mit hohen Jahresüberschüssen und wenigen materiellen Wirtschaftsgütern).

#### 4.3.3.1 Umfang des einzubeziehenden Betriebsvermögens

Im Rahmen der Ermittlung des Substanzwerts sind grundsätzlich alle Wirtschaftsgüter einzubeziehen, die am Bewertungsstichtag zum ertragsteuerlichen Betriebsvermögen gehören (vgl. R B 11.5 und R B 95 ErbStR).

Bei der Ermittlung des Substanzwerts sind **zu berücksichtigen:**

- Wirtschaftsgüter und Schulden aus der Steuerbilanz,
- Wirtschaftsgüter und Schulden (z. B. aus der Handelsbilanz), auch wenn für sie ein steuerliches Aktivierungs- oder Passivierungsverbot besteht (z. B. Drohverlustrückstellung, unentgeltlich erworbene Wirtschaftsgüter),
- selbst geschaffene oder entgeltlich erworbene immaterielle Wirtschaftsgüter (z. B. Patente, Lizenzen, Markenrechte),
- geschäftswert-, firmenwert- oder praxiswertbildende Faktoren, denen ein eigenständiger Wert zugewiesen werden kann (z. B. Kundenstamm, Know-how); jedoch kein Ansatz originärer Firmenwert,
- Grundstücke bzw. Teile davon entsprechend der ertragsteuerlichen Berücksichtigung.

Bei der Ermittlung des Substanzwerts sind **nicht einzubeziehen:**

- Eigenkapital und Rücklagen des Unternehmens,
- latente Ertragsteuerbelastung,
- steuerbefreite Wirtschaftsgüter.

#### 4.3.3.2 Bewertung der Wirtschaftsgüter beim Substanzwertverfahren

Die zum Unternehmen gehörenden Wirtschaftsgüter und Schulden sind bei der Ermittlung des Substanzwerts mit dem gemeinen Wert anzusetzen (vgl. R B 11.5 Abs. 5–8 ErbStR).

**Merke**

Der Handels- bzw. Steuerbilanzwert von bestimmten Wirtschaftsgütern bzw. Schulden kann identisch mit dem gemeinen Wert sein und damit für die Bewertung übernommen werden (z. B. Bankguthaben, Forderungen, Bankschulden). Falls Handels- und Steuerbilanz vorliegen, dann sollten vorrangig die Werte aus der Handelsbilanz angesetzt werden.

a) **Bewertung von Grundbesitz, Betriebsvermögen, Anteilen an Kapitalgesellschaften**
   Die Wirtschaftsgüter sind mit dem festgestellten oder gemeinen Wert anzusetzen.
b) **Bewertung von Vorräten des Umlaufvermögens**
   Die Vorräte des Umlaufvermögens (z. B. fertige Erzeugnisse, Waren, Roh-, Hilfs- oder Betriebsstoffe) sind mit den Wiederbeschaffungskosten zum Bewertungsstichtag anzusetzen.
c) **Bewertung von beweglichen Wirtschaftsgütern**
   Bewegliches, abnutzbares Anlagevermögen, wie z. B. Maschinen, Betriebsvorrichtungen, technische Anlagen, Fahrzeuge, Einrichtungsgegenstände und Inventar werden mit dem gemeinen Wert angesetzt (z. B. Handels- oder Steuerbilanzwert). Aus Vereinfachungsgründen können 30 % der Anschaffungs- oder Herstellungskosten angesetzt werden, außer dieser Wert führt zu einem offensichtlich unzutreffenden Ergebnis.

**Merke**

Grundsätzlich kann bei neuen und alten Wirtschaftsgütern des beweglichen, abnutzbaren Anlagevermögens der Buchwert als gemeiner Wert angesetzt werden. Bei mittelalten Wirtschaftsgütern entspricht der gemeine Wert regelmäßig 30 % der Anschaffungskosten.

### 4.3.3.3 Ermittlung des Substanzwerts

Bei der Ermittlung des Substanzwerts ist das Vermögen des Unternehmens mit dem gemeinen Wert zum Bewertungsstichtag zugrunde zu legen.

In der Praxis stimmt der Bewertungsstichtag regelmäßig nicht mit dem Schluss des Wirtschaftsjahres überein. Falls kein Zwischenabschluss zum Todestag oder Schenkungstag erstellt wurde, kann aus Vereinfachungsgründen der Wert des Vermögens des Unternehmens zum Bewertungsstichtag aus der auf den letzten Abschlusszeitpunkt erstellten Vermögensaufstellung abgeleitet werden.

Nach Ermittlung des Saldos der gemeinen Werte der Wirtschaftsgüter und Schulden auf den Abschlusszeitpunkt ist dieser Ausgangswert wie folgt zu korrigieren (vgl. R B 11.6 und R B 109.3 ErbStR):

| **Ausgangswert**<br>**(Vermögensaufstellung zum Abschlusszeitpunkt)**<br>**Hinzu- und Abrechnungen für den Zeitraum zwischen Abschlusszeitpunkt und Bewertungsstichtag** | |
|---|---|
| + | – |
| • Gewinn, ohne Gewinn aus Beteiligungen bzw. aus Entnahme/Veräußerung von Anlagevermögen (zeitanteilig) | • Verlust ohne Verlust aus Beteiligungen bzw. aus Entnahme/Veräußerung von Anlagevermögen (zeitanteilig) |
| • Besondere Aufwendungen auf Betriebsgrundstücke (z. B. AfA) | • Teilwertzuschreibungen |
| • Vermögensmehrungen bzw. -minderungen infolge Erwerbs bzw. Veräußerung von Anlagevermögen | |
| **bei Einzelunternehmen und Personengesellschaften** | |
| • Einlagen | • Entnahmen |
| **bei Kapitalgesellschaften** | |
| • Kapitalerhöhungen<br>• Verdeckte Einlagen | • Gewinnausschüttungen<br>• Kapitalherabsetzungen |
| **= Substanzwert** | |

**Tab. 23:** Korrekturen Substanzwert zwischen Abschlusszeitpunkt und Bewertungsstichtag

Der Gewinn oder der Verlust und die Aufwendungen auf Grundbesitz bis zum Bewertungsstichtag sind grundsätzlich zeitanteilig aus den entsprechenden Jahresbeträgen zu berechnen. Dieser Zeitraum läuft vom Beginn des Wirtschaftsjahrs bis zum Bewertungsstichtag (Tag ist mit einzubeziehen) und ist tagegenau zu errechnen. Dabei wird jeder volle Monat (auch der Februar) mit 30 Tagen gerechnet. Die Anzahl der Tage ist dann durch 360 zu dividieren.

### Beispiel

**Substanzwertverfahren**

Erblasser E ist am 31.03.2023 verstorben. Im Nachlass enthalten ist der Gewerbebetrieb Import/Export aller Art (Gewinnermittlung §§ 4 Abs. 1, 5 EStG). Der Gewinn des Jahres 2023 betrug 240.000 €. Die Aufwendungen im Zusammenhang mit dem Betriebsgrundstück im Jahr 2023 betrugen 24.000 €. In der Steuerbilanz (Abschlusszeitpunkt 31.12.2022) sind die nachfolgenden Aktiva/Passiva mit den jeweiligen Buchwerten vorhanden:

| Aktiva (€) | | Passiva (€) | |
|---|---|---|---|
| Betriebsgrundstück | 225.000 | Kapital | 325.300 |
| Lkw | 170.000 | Verbindlichkeiten Bank | 280.000 |
| Schrottpresse | 1 | Verbindlichkeiten LuL | 130.000 |
| Kleintransporter | 10.000 | Rückstellungen | 25.000 |
| Vorräte | 120.000 | | |
| Forderungen aus LuL | 70.258 | | |
| Wertpapiere | 80.000 | | |
| Bankguthaben | 85.041 | | |
| | 760.300 | | 760.300 |

Anmerkungen zu den einzelnen Bilanzpositionen:

1. Der festgestellte Wert für das Betriebsgrundstück zum Todestag beträgt 358.000 €.
2. Der Lkw wurde am 01.07.2022 für 180.000 € angeschafft.
3. Die Schrottpresse wurde am 02.01.2014 gebraucht für 15.000 € angeschafft.
4. Der Kleintransporter wurde am 02.01.2018 für 60.000 € angeschafft.
5. Die Wiederbeschaffungskosten der Vorräte zum Todestag betragen 130.000 €.
6. Die Wertpapiere haben zum Todestag einen Kurswert von 100.000 €.

**Wertansätze beim Substanzwertverfahren:**

| | |
|---|---|
| Betriebsgrundstück: Ansatz mit festgestelltem Wert | 358.000 € |
| Lkw: Ansatz mit Buchwert, da 30%-Ansatz der AK bei neuem Wirtschaftsgut offensichtlich unzutreffend | 170.000 € |
| Schrottpresse: Ansatz mit Buchwert, da 30%-Ansatz der AK bei altem Wirtschaftsgut offensichtlich unzutreffend | 1 € |
| Kleintransporter: Ansatz mit 30% der AK, da diese höher als der Buchwert sind | 18.000 € |
| Vorräte: Ansatz mit den Wiederbeschaffungskosten zum Todestag | 130.000 € |
| Forderungen aus LuL: Ansatz mit Buchwert, der dem gemeinen Wert entspricht | 70.258 € |
| Wertpapiere: Ansatz mit Kurswert zum Todestag | 100.000 € |
| Bankguthaben: Ansatz mit Buchwert, der dem gemeinen Wert entspricht | 85.041 € |
| Verbindlichkeiten Bank: Ansatz mit Buchwert, der dem gemeinen Wert entspricht | ./. 280.000 € |
| Verbindlichkeiten aus LuL: Ansatz mit Buchwert, der dem gemeinen Wert entspricht | ./. 130.000 € |
| Rückstellungen: Ansatz mit Buchwert, der dem gemeinen Wert entspricht | ./. 25.000 € |
| Zwischenwert Substanzwert | 496.300 € |
| Hinzurechnungen:<br>Gewinn 2023: 240.000 € × 3/12 (3 volle Monate in 2023 bis Todestag)<br>Aufwendungen auf Betriebsgrundstück: 24.000 € × 3/12 | <br>60.000 €<br>6.000 € |
| **Substanzwert zum 31.03.2023** | **562.300 €** |

### 4.3.4 Bewertung nach dem vereinfachten Ertragswertverfahren

**Auf den Punkt gebracht**

Das vereinfachte Ertragswertverfahren ist eines der gebräuchlichsten Bewertungsverfahren in der Praxis. Der vereinfachte Ertragswert ist beim Erwerb von Unternehmensvermögen grundsätzlich zu ermitteln (Ausnahmen: Kurswert, Drittverkaufspreis oder Gutachtenwert vorhanden). Hierbei erfolgt eine Gesamtbewertung des Unternehmens auf der Basis des Durchschnittsertrags der letzten drei Jahre. Hinzu kommen einige gesonderte Wertansätze. Der vereinfachte Ertragswert ist mit dem Substanzwert zu vergleichen und der höhere der beiden Werte ist als Unternehmenswert anzusetzen.

Für Fälle, in denen der gemeine Wert von Anteilen an Kapitalgesellschaften, von Betriebsvermögen und von Anteilen am Betriebsvermögen marktüblich unter Berücksichtigung der Ertragsaussichten ermittelt wird, kann das vereinfachte Ertragswertverfahren (§ 11 Abs. 2 Satz 4 und §§ 199–203 BewG; vgl. R B 199.1 ff. ErbStR) angewendet werden. Es soll die Möglichkeit bieten, ohne hohen Ermittlungsaufwand oder Kosten für einen Gutachter, einen objektivierten Unternehmenswert auf der Grundlage der Ertragsaussichten zu ermitteln.

**Merke**

In der Praxis sind in nahezu allen Branchen neben deren spezifischen Verfahren auch Ertragswertverfahren als übliche Bewertungsverfahren möglich. Das vereinfachte Ertragswertverfahren kann daher bei nahezu allen erforderlichen Unternehmensbewertungen angewendet werden.

Das vereinfachte Ertragswertverfahren ist im Gegensatz zum Substanzwertverfahren ein Gesamtbewertungsverfahren, bei dem der Wert der einzelnen Wirtschaftsgüter und Verbindlichkeiten grundsätzlich nicht mehr zu ermitteln ist.

| **Wertermittlungsgrundsätze:** | |
|---|---|
| | Ertragswert des betriebsnotwendigen Vermögens (§ 200 Abs. 1 BewG) = Ø Jahresertrag (§§ 201, 202 BewG) × Kapitalisierungsfaktor (§ 203 BewG) |
| + | gemeiner (Netto-) Wert des nicht betriebsnotwendigen Vermögens (§ 200 Abs. 2 BewG) |
| + | gemeiner Wert von betriebsnotwendigen Beteiligungen an anderen Gesellschaften (§ 200 Abs. 3 BewG) |
| + | gemeiner (Netto-) Wert der Wirtschaftsgüter des jungen Betriebsvermögens (§ 200 Abs. 4 BewG) |
| = | gemeiner Wert nach dem vereinfachten Ertragswertverfahren |

**Tab. 24:** Überblick vereinfachtes Ertragswertverfahren

#### 4.3.4.1 Offensichtlich unzutreffender Wert

Das vereinfachte Ertragswertverfahren kann generell angewendet werden, außer es führt zu einem offensichtlich unzutreffenden Ergebnis (vgl. R B 199.1 Abs. 3–6 ErbStR). Für diese Beurteilung kann ggf. ein anderweitig ermittelter Wert als Vergleichsgröße vorliegen.

**Beispiele**

Verkäufe, die mehr als ein Jahr vor oder nach dem Bewertungsstichtag liegen, komplexe Strukturen von verbundenen Unternehmen, grenzüberschreitende Sachverhalte, Wachstumsunternehmen, neu gegründete Unternehmen.

#### 4.3.4.2 Ermittlung des Jahresertrags

Die Grundlage für die Ermittlung des Ertragswerts bildet der zukünftig nachhaltig zu erzielende Jahresertrag. Er ist regelmäßig aus den Betriebsergebnissen der letzten drei vor dem Bewertungsstichtag abgelaufenen Wirtschaftsjahre herzuleiten (§ 201 Abs. 1 und 2 BewG; vgl. R B 201 ErbStR). Die Betriebsergebnisse sind noch um gewisse Hinzurechnungen und Abrechnungen zu korrigieren. Die Summe der korrigierten Betriebsergebnisse ist durch drei zu dividieren und ergibt den Durchschnittsertrag.

#### 4.3.4.3 Betriebsergebnis

Die einzelnen Betriebsergebnisse sind gesondert zu berechnen. Zur Ermittlung eines Betriebsergebnisses (§ 202 BewG; vgl. R B 202 ErbStR) ist als Ausgangswert der Gewinn i. S. d. Betriebsvermögensvergleichs (§ 4 Abs. 1 Satz 1 und § 5 EStG) und nicht das zu versteuernde Einkommen anzunehmen. Bei Überschussrechnern ist der Einnahme-Überschuss nach § 4 Abs. 3 EStG maßgebend.

**Merke**

Damit wird auf den steuerlichen Bilanzgewinn abgestellt. Hierbei sind nicht die Korrekturen erfasst, die erst auf der nächsten Ebene der Gewinnermittlung greifen, z. B. die Korrekturen des Schuldzinsenabzugs (§ 4 Abs. 4a EStG), die nicht-abziehbaren Betriebsausgaben (§ 4 Abs. 5 EStG) bzw. die Gewerbesteuer (§ 4 Abs. 5b EStG).

Bei Beteiligungen an Personengesellschaften sind nur die Betriebsergebnisse der Gesamthandsbilanz zu berücksichtigen.

In einem nächsten Schritt ist der Ausgangswert des einzelnen Betriebsergebnisses zu korrigieren hinsichtlich solcher Vermögensminderungen oder Vermögensmehrungen, die einmalig sind oder jedenfalls den künftig nachhaltig erzielbaren Jahresertrag nicht beeinflussen sowie hinsichtlich der Aufwendungen und Erträge der gesondert anzusetzenden Wirtschaftsgüter und Schulden.

Als **Korrekturen im Weg der Hinzurechnung** kommen in Betracht (§ 202 Abs. 1 Nr. 1 BewG):

- Investitionsabzugsbeträge, soweit sie den Gewinn gemindert haben,
- Sonderabschreibungen, Teilwertabschreibungen, Bewertungsabschläge,
- Zuführungen zu steuerfreien Rücklagen,

- Abschreibungen auf den Geschäfts- oder Firmenwert,
- einmalige Veräußerungsverluste sowie außerordentliche Aufwendungen,
- im Gewinn nicht enthaltene Investitionszulagen, soweit diese auch in Zukunft erfolgen,
- Ertragsteueraufwand auf betriebliche Steuern (KSt, SolZ, GewSt),
- Aufwendungen (z. B. Finanzierungskosten) im unmittelbaren Zusammenhang mit nicht betriebsnotwendigem Vermögen und mit innerhalb von zwei Jahren vor dem Bewertungsstichtag eingelegten Wirtschaftsgütern

**Merke**

Finanzierungsaufwendungen im Zusammenhang mit betriebsnotwendigen Beteiligungen an Kapital- und Personengesellschaften i. S. d. § 200 Abs. 3 BewG sind mangels gesetzlicher Regelung davon nicht betroffen. Sie werden durch die Hinzurechnung des übernommenen Verlustes oder die Kürzung der Erträge aus der Beteiligung berücksichtigt (vgl. R B 202 Abs. 3 Satz 2 Nr. 1 Buchst. f Satz 2 ff. ErbStR).

- übernommene Verluste aus Beteiligungen an Kapital- oder Personengesellschaften,
- verdeckte Gewinnausschüttungen (bei Kapitalgesellschaften).

Als **Korrekturen im Weg des Abzugs** kommen in Betracht (§ 202 Abs. 1 Nr. 2 BewG):
- gewinnerhöhende Auflösungsbeträge steuerfreier Rücklagen sowie Teilwertzuschreibungen,
- einmalige Veräußerungsgewinne sowie außerordentliche Erträge (inkl. Corona-Hilfen),
- gewinnwirksame Investitionszulagen, soweit diese in Zukunft nicht mehr erfolgen,
- Erträge aus der Erstattung von betrieblichen Ertragsteuern,
- Erträge im Zusammenhang mit Vermögen i. S. d. § 200 Abs. 2–4 BewG (z. B. Mieterträge, Erträge aus Beteiligungen),
- verdeckte Einlagen (bei Kapitalgesellschaften),
- angemessener Unternehmerlohn, soweit bisher kein solcher berücksichtigt wurde, und fiktiver Lohnaufwand für bislang unentgeltlich tätige Familienangehörige.

**Beratungshinweise**

Beim Ansatz eines angemessenen Unternehmerlohnes besteht in der Praxis ein größerer Ermessensspielraum. Je nachdem kann es günstig (Ansatz eines niedrigeren Unternehmenswerts) oder auch ungünstig (Nichtbestehen eines Verwaltungsvermögenstests) sein, einen höheren Unternehmerlohn anzusetzen. Folgende Kriterien sind zu beachten (vgl. R B 202 Abs. 3 Satz 2 Nr. 2 Buchst. d ErbStR):
- Ein Ansatz eines Unternehmerlohnes ist möglich, soweit bisher kein (angemessener) Unternehmerlohn berücksichtigt wurde;
- bei Personengesellschaften ist eine Ableitung des Unternehmerlohnes aus einem Vorabgewinn für den geschäftsführenden Gesellschafter möglich;
- bei Personengesellschaften mit mehreren geschäftsführenden Gesellschaftern können mehrere Unternehmerlöhne abgezogen werden;
- bei einer GmbH wird regelmäßig ein Geschäftsführergehalt gewinnmindernd abgezogen; falls dieses nicht angemessenen ist, dann ist noch ein zusätzlicher höherer Abzug bis zu einem angemessenen Gehalt möglich;

- die Höhe des Unternehmerlohnes bemisst sich nach der Vergütung, die eine nicht beteiligte Geschäftsführung erhalten würde:
  - Hierbei können branchenspezifische Datensammlungen zu Geschäftsführergehältern berücksichtigt werden;
  - daneben ist ein Unternehmerlohn so lange als angemessen anzusehen, wie ertragsteuerlich noch keine verdeckte Gewinnausschüttung vorliegt;
  - in der Praxis kann regelmäßig der 1,5-fache Lohn eines leitenden Angestellten der jeweiligen Branche als Unternehmerlohn angesetzt werden.

**Auffangtatbestand**

Ggf. ist ein Abzug oder eine Hinzurechnung sonstiger wirtschaftlich nicht begründeter Vermögensminderungen oder -erhöhungen mit Einfluss auf den zukünftig nachhaltig zu erzielenden Jahresertrag und mit gesellschaftsrechtlichem Bezug erforderlich, soweit diese nicht nach § 202 Abs. 1 Nr. 1 und 2 BewG berücksichtigt wurden (§ 202 Abs. 1 Nr. 3 BewG).

**Minderung um Ertragsteueraufwand**

Zur Abgeltung des betrieblichen Ertragsteueraufwands wird ein **positives** und um alle Korrekturen bereinigtes Betriebsergebnis pauschal um eine Steuerbelastung von 30 % gemindert (§ 202 Abs. 3 BewG). Bei einem negativen Ergebnis in einem einzelnen Wirtschaftsjahr unterbleibt der pauschale Abzug.

**Merke**

Die Summe der um die Hinzu- bzw. Abrechnungen korrigierten Gewinne abzgl. der Minderung um die pauschale Ertragsteuerbelastung, dividiert durch die Anzahl der einbezogenen Wirtschaftsjahre, ergibt den zukünftig nachhaltig zu erzielenden Jahresertrag. Dieser Durchschnittsertrag kann auch negativ sein.

### 4.3.4.4 Kapitalisierungsfaktor

Im Rahmen der Ermittlung des Ertragswerts ist der Durchschnittsertrag mit einem Kapitalisierungsfaktor (§ 203 BewG) zu multiplizieren. Hierbei ist für Bewertungsstichtage ab dem 01.01.2016 ein fixer Kapitalisierungsfaktor von 13,75 anzuwenden.

### 4.3.4.5 Gesonderte Wertansätze

**a) Nicht betriebsnotwendiges Vermögen**

Zusätzlich zu dem Ertragswert (§ 200 Abs. 1 BewG) ist der gemeine Wert der Wirtschaftsgüter des nicht betriebsnotwendigen (betriebsneutralen) Vermögens zu erfassen (§ 200 Abs. 2 BewG; vgl. R B 200 Abs. 2 ErbStR). Nicht betriebsnotwendig ist ein Wirtschaftsgut, das sich ohne Beeinträchtigung der eigentlichen Unternehmenstätigkeit aus dem Unternehmen herauslösen lässt, ohne dass die operative Geschäftstätigkeit eingeschränkt wird. Die damit zusammenhängenden Schulden sind abzuziehen.

### Beispiele

- (Teil eines) Mietwohngrundstück(s) einer Möbelfabrik,
- wertvolles Gemälde einer Freiberuflerpraxis,
- nicht mit dem eigentlichen Unternehmenszweck in Einklang stehende Beteiligungen,
- Überbestand an Wertpapieren bzw. Geldbeständen; diese sind jedoch in der Höhe als betriebsnotwendig anzusehen wie passivierte Geldschulden in derselben Höhe gegenüberstehen zzgl. einer Liquiditätsreserve für ca. ein bis drei Monate.

Bei den Wirtschaftsgütern des nicht betriebsnotwendigen Vermögens erfolgt eine Einzelbewertung und ein Ansatz mit dem zum Bewertungsstichtag vorhandenen gemeinen oder festgestellten Wert.

Unmittelbar mit diesen Wirtschaftsgütern im Zusammenhang stehende Aufwendungen und Erträge sind bei der Ermittlung der jeweiligen Betriebsergebnisse nach § 202 BewG zu korrigieren.

**b) Beteiligungen an Kapital- oder Personengesellschaften**
Zusätzlich zu dem Ertragswert ist der gemeine Wert von betriebsnotwendigen Beteiligungen an anderen Gesellschaften anzusetzen (§ 200 Abs. 3 BewG; vgl. R B 200 Abs. 3 und 4 ErbStR). Auf eine Mindestbeteiligungsquote kommt es nicht an.

### Beispiele

Beteiligungen im Konzern, Komplementär-GmbH bei einer GmbH & Co. KG, Anteile an Betriebs-GmbH bei Betriebsaufspaltung, Organgesellschaft bei Organträger.

Bei Beteiligungen an einer Personen- bzw. Kapitalgesellschaft erfolgt jeweils eine Einzelbewertung und ein Ansatz mit dem zum Bewertungsstichtag vorhandenen gemeinen oder festgestellten Wert.

**Merke**

Die mit einer Beteiligung an einer Personen- bzw. Kapitalgesellschaft zusammenhängenden Schulden werden bei einer betriebsnotwendigen Beteiligung mangels gesetzlicher Regelung nicht gesondert berücksichtigt.

Unmittelbar mit diesen Beteiligungen im Zusammenhang stehende Erträge sind bei der Ermittlung der jeweiligen Betriebsergebnisse nach § 202 BewG abzuziehen (vgl. Abb. 14).

**c) Junges Betriebsvermögen**
Innerhalb von zwei Jahren vor dem Bewertungsstichtag eingelegte Wirtschaftsgüter (junges Betriebsvermögen, § 200 Abs. 4 BewG; vgl. R B 200 Abs. 5 ErbStR) und mit diesen zusammenhängende Schulden werden neben dem Ertragswert mit ihrem eigenständig zu ermittelnden gemeinen Wert angesetzt, wenn sie am Bewertungsstichtag ihrem Wert nach noch vorhanden sind und nicht wieder entnommen oder ausgeschüttet wurden.

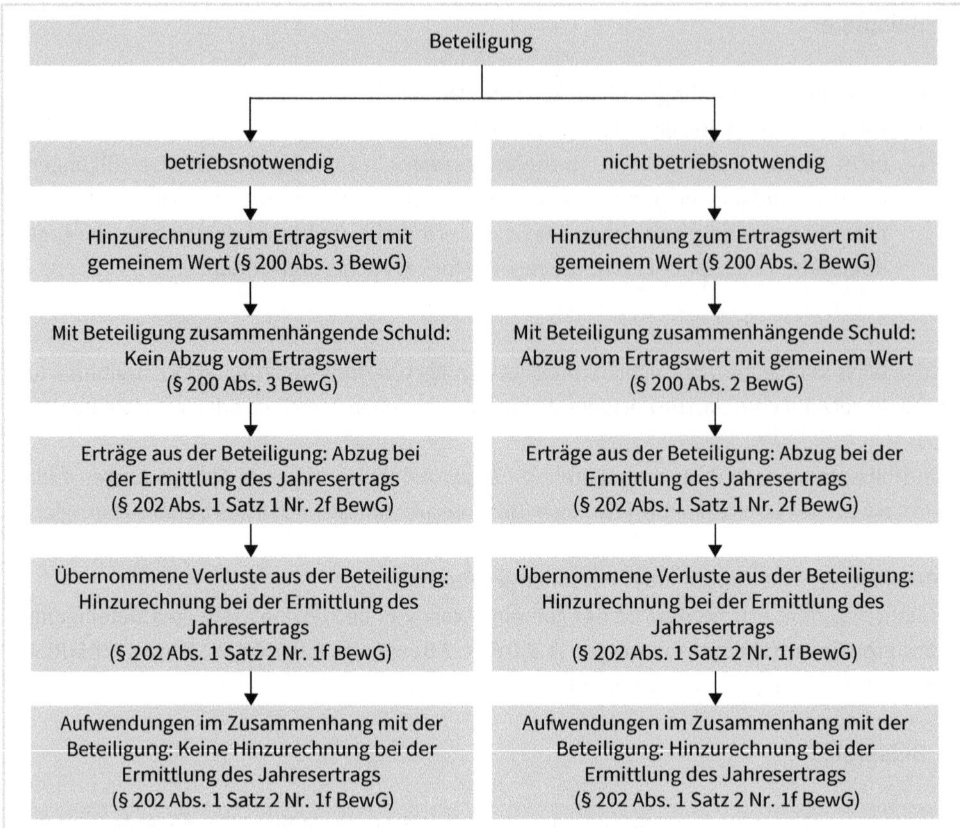


**Abb. 14:** Unterschiede nicht betriebsnotwendige/betriebsnotwendige Beteiligung § 200 Abs. 2 und 3 BewG (Quelle: Neufang Akademie, Calw)

**Merke**

Hierzu gehören insbesondere innerhalb von zwei Jahren eingelegte betriebsnotwendige Wirtschaftsgüter.

## Beispiel

Im Jahr vor der Zuwendung des Betriebs wird ein Grundstück eingelegt, das als Parkplatz für den betrieblichen Fuhrpark genutzt wird.

**Lösung**

Das Betriebsgrundstück ist als junges Betriebsvermögen zu behandeln und gesondert anzusetzen.

Bei den Wirtschaftsgütern des jungen Betriebsvermögens erfolgt eine Einzelbewertung und ein Ansatz mit dem zum Bewertungsstichtag vorhandenen gemeinen oder festgestellten Wert.

Unmittelbar mit diesen Wirtschaftsgütern im Zusammenhang stehende Aufwendungen und Erträge sind bei der Ermittlung der jeweiligen Betriebsergebnisse nach § 202 BewG zu korrigieren.

**Merke**

Falls eine Beteiligung an einer Gesellschaft die Voraussetzungen nach § 200 Abs. 2–4 BewG komplett erfüllt, ist diese gesondert beim nicht betriebsnotwendigen Vermögen anzusetzen. Falls die Voraussetzungen nach § 200 Abs. 3 und 4 BewG erfüllt sind, erfolgt ein gesonderter Ansatz als betriebsnotwendige Beteiligung. Ein Ansatz als junges Betriebsvermögen ist daher nachrangig.

#### 4.3.4.6 Prüfungsreihenfolge beim vereinfachten Ertragswertverfahren

**1. Schritt**

Ermittlung der im Betriebsvermögen des Unternehmens vorhandenen

- **nicht betriebsnotwendigen Wirtschaftsgüter + entspr. Schulden**
- **betriebsnotwendigen Beteiligungen**
- **innerhalb von zwei Jahren eingelegten Wirtschaftsgüter + entspr. Schulden**

**2. Schritt**

Ausgangsbasis: **Steuerlicher Gewinn ohne Sonder- und Ergänzungsbilanzen** (für jedes einzelne der drei Wirtschaftsjahre)

| | |
|---|---|
| | Steuerlicher Gewinn |
| + | Hinzurechnungen (inkl. Korrekturen gesonderte Wertansätze) |
| – | Kürzungen (inkl. Korrekturen gesonderte Wertansätze) |
| = | Betriebsergebnis |
| – | Pauschaler Ertragssteueraufwand i. H. v. 30 % des Betriebsergebnisses |
| = | **Betriebsergebnis nach Steuern** |

**3. Schritt**

$$\frac{\text{Summe der korrigierten Betriebsergebnisse}}{3} = \text{durchschnittlicher Jahresertrag}$$

**4. Schritt**

∅ Jahresertrag der korrigierten Betriebsergebniss × Kapitalisierungsfaktor = Ertragswert

**5. Schritt**

| | |
|---|---|
| | Ertragswert (s. 4. Schritt) |
| + | Gemeiner Wert des **nicht betriebsnotwendigen Vermögens** abzüglich der damit in Zusammenhang stehenden Schulden |
| + | Gemeiner Wert der **betriebsnotwendigen Beteiligungen** an Personen- oder Kapitalgesellschaften |
| + | Gemeiner Wert der innerhalb von zwei Jahren eingelegten Wirtschaftsgüter (**junges Betriebsvermögen**) abzüglich der damit in Zusammenhang stehenden Schulden |
| = | **Unternehmenswert nach dem vereinfachten Ertragswertverfahren (mit Substanzwert vergleichen; Ansatz höherer Wert als gemeiner Wert)** |

## Beispiel

**Vereinfachtes Ertragswertverfahren**
Der am 04.04.2024 verstorbene B war Alleingesellschafter der B-GmbH (Großhandelsunternehmen). Zum Betriebsvermögen der B-GmbH gehört seit zehn Jahren ein Mietwohngrundstück, das keinen Einfluss auf die originäre Unternehmenstätigkeit hat und jederzeit veräußert werden könnte. Der Grundbesitzwert wurde mit 450.000 € festgestellt. Die mit dem Grundstück zusammenhängende Schuld beträgt zum Todestag noch 100.000 €. B hatte im Juli 2023 ein unbebautes Grundstück in die B-GmbH eingelegt, das als Lagerplatz genutzt wird. Der Grundbesitzwert zum Todestag wurde mit 120.000 € festgestellt. Die B-GmbH zahlte an B ein Geschäftsführergehalt von 300.000 € pro Jahr; ein Gehalt von 150.000 € wäre als angemessen und branchenüblich anzusehen gewesen.
Die Gewinn- und Verlustrechnungen der B-GmbH weisen in den Jahren 2021–2023 folgende Positionen aus:

| Jahre | 2021 (€) | 2022 (€) | 2023(€) |
|---|---:|---:|---:|
| Umsatzerlöse | 7.000.000 | 6.500.000 | 7.400.000 |
| Erträge Mietwohngrundstück | 62.000 | 62.000 | 63.000 |
| Wareneinsatz | ./. 4.500.000 | ./. 4.100.000 | ./. 4.600.000 |
| Löhne und Gehälter | ./. 1.500.000 | ./. 1.400.000 | ./. 1.650.000 |
| Geschäftsführergehalt | ./. 300.000 | ./. 300.000 | ./. 300.000 |
| Teilwertabschreibung | – | ./. 150.000 | – |
| Aufwendungen Mietwohngrundstück | ./. 30.000 | ./. 40.000 | ./. 45.000 |
| Aufwendungen KSt/GewSt | ./. 74.000 | ./. 65.000 | ./. 76.000 |
| Sonstige Aufwendungen | ./. 398.000 | ./. 302.000 | ./. 442.000 |
| Steuerlicher Gewinn | 260.000 | 205.000 | 350.000 |

1. **Ermittlung gesonderte Wertansätze:**
   Gesonderter Ansatz Mietwohngrundstück als nicht betriebsnotwendiges Vermögen (§ 200 Abs. 2 BewG) i. H. v. 450.000 € und Abzug der damit zusammenhängenden Schuld i. H. v. 100.000 €;
   gesonderter Ansatz des im Juli 2023 eingelegten Grundstücks als junges Betriebsvermögen (§ 200 Abs. 4 BewG) i. H. v. 120.000 €.

2. **Ermittlung Ertragswert (§ 200 Abs. 1 BewG):**

| Jahre | 2021 (€) | 2022 (€) | 2023 (€) |
|---|---:|---:|---:|
| Steuerlicher Gewinn (§ 4 Abs. 1 EStG) | 260.000 | 205.000 | 350.000 |
| Hinzurechnungen | | | |

| Jahre | 2021 (€) | 2022 (€) | 2023 (€) |
|---|---|---|---|
| Teilwertabschreibung (§ 202 Abs. 1 Nr. 1 Buchst. a BewG) | – | 150.000 | – |
| Ertragsteueraufwand (§ 202 Abs. 1 Nr. 1 Buchst. e BewG) | 74.000 | 65.000 | 76.000 |
| Aufwendungen Mietwohngrundstück (§ 202 Abs. 1 Nr. 1 Buchst. f BewG) | 30.000 | 40.000 | 45.000 |
| Überhöhte Zahlung Geschäftsführergehalt (§ 202 Abs. 1 Nr. 3 BewG) | 150.000 | 150.000 | 150.000 |
| Kürzungen | | | |
| Erträge Mietwohngrundstück (§ 202 Abs. 1 Nr. 2 Buchst. f BewG) | ./. 62.000 | ./. 62.000 | ./.63.000 |
| Zwischensumme | 452.000 | 548.000 | 558.000 |
| abzgl. pauschale Steuerbelastung 30% (§ 202 Abs. 3 BewG) | ./. 135.600 | ./. 164.400 | ./. 167.400 |
| Korrigierte Betriebsergebnisse | 316.400 | 383.600 | 390.600 |
| Summe | | | 1.090.600 |
| Durchschnittlicher Ertrag | | | 363.533 |

Ertragswert: Durchschnittlicher Ertrag 363.533 € × Kapitalisierungsfaktor (§ 203 BewG) 13,75 = 4.998.578 €

3. **Ermittlung vereinfachter Ertragswert:**

| | |
|---|---|
| Ertragswert (§ 200 Abs. 1 BewG) | 4.998.578 € |
| zzgl. nicht betriebsnotwendiges Mietwohngrundstück (§ 200 Abs. 2 BewG) | 450.000 € |
| abzgl. Schuld nicht betriebsnotwendiges Mietwohngrundstück (§ 200 Abs. 2 BewG) | ./. 100.000 € |
| zzgl. Lagerplatz als junges Betriebsvermögen (§ 200 Abs. 4 BewG) | 120.000 € |
| **Vereinfachter Ertragswert** | **5.468.578 €** |

### 4.3.5 Betriebswirtschaftliche Bewertungsmethoden

Neben den im BewG genannten Bewertungsmethoden Substanzwertverfahren und vereinfachtes Ertragswertverfahren sind nach § 11 Abs. 2 BewG auch betriebswirtschaftliche Bewertungsmethoden zur Ermittlung eines Unternehmenswerts möglich. Deren Wertermittlungen sind komplexer und umfangreicher als bei den steuerlichen Bewertungsmethoden. Grundsätzlich ist hierbei die Erstellung eines Wertgutachtens, z. B. durch einen Wirtschaftsprüfer, erforderlich.

**Beratungshinweis**

In Unternehmensbewertungsfällen ist daher regelmäßig zu prüfen, ob z. B. das vereinfachte Ertragswertverfahren ein für den Steuerpflichtigen zutreffendes Ergebnis liefert. Dem Steuerpflichtigen steht es frei, anstelle des vereinfachten Ertragswertverfahrens ein anderes anerkanntes Bewertungsverfahren anzuwenden, was jedoch mit höheren Kosten verbunden ist.

Folgende betriebswirtschaftliche Unternehmensbewertungsmethoden sind in der Praxis am gebräuchlichsten:

- Ertragswertverfahren nach IDW Standard S1,
- Discounted Cash-Flow-Verfahren,
- Verfahren nach AWH-Standard (für Handwerksbetriebe),
- Multiplikatorverfahren.

**Merke**

Auch ein nach einer betriebswirtschaftlichen Bewertungsmethode ermittelter Unternehmenswert ist mit dem Substanzwert zu vergleichen. Der höhere der beiden Werte ist als Unternehmenswert anzusetzen.

### 4.3.6 Besonderheiten bei Personengesellschaften

Zum Gewerbebetrieb einer Personengesellschaft gehören neben dem Gesamthandsvermögen auch die Wirtschaftsgüter des Sonderbetriebsvermögens (§ 97 Abs. 1 Nr. 5 BewG).

Der Wert des Gesamthandsvermögens ergibt sich z. B. aus dem Substanzwert oder dem vereinfachten Ertragswert des Unternehmens. Die Wirtschaftsgüter und Schulden des Sonderbetriebsvermögens sind einzeln zu bewerten und mit dem gemeinen bzw. festgestellten Wert anzusetzen.

Das einer Personengesellschaft gehörende Gesamthandsvermögen wird den Gesellschaftern anteilig zugerechnet. Der Wert des Anteils eines Gesellschafters ergibt sich als Summe aus dem Anteil am Gesamthandsvermögen und dem Wert seines Sonderbetriebsvermögens.

| |
|---|
| **Unternehmenswert des Gesamthandsvermögens**<br>• Vorwegzurechnung des Buchwerts der Kapitalkonten der Gesellschafter<br>• Aufteilung des verbleibenden Werts des Gesellschaftsvermögens nach dem Gewinnverteilungsschlüssel (ohne Vorabgewinne) auf die Gesellschafter |
| **+ Sonderbetriebsvermögen (des einzelnen Gesellschafters)**<br>• Ermittlung des gemeinen Werts der einzelnen Wirtschaftsgüter inkl. der Schulden und Zurechnung dem jeweiligen Gesellschafter |
| **= Wert des Anteils des einzelnen Gesellschafters** |

**Tab. 25:** Aufteilung Gesamthandsvermögen nach § 97 Abs. 1a BewG

**Merke**

Einem Kommanditisten, der seine Kommanditeinlage voll erbracht hat, kann kein negativer Wert am Gesamthandsvermögen zugerechnet werden, soweit er nicht nachschusspflichtig ist. Der Wert des Anteils des Kommanditisten am Gesamthandsvermögen ist in diesem Fall mit 0 € anzusetzen (vgl. R B 97.5 Abs. 2 ErbStR).

### 4.3.7 Besonderheiten bei Kapitalgesellschaften

Der gemeine Wert eines nicht notierten Anteils an einer Kapitalgesellschaft bestimmt sich grundsätzlich nach dem Verhältnis des Anteils am Nennkapital (Grund- oder Stammkapital) der Gesellschaft zum gemeinen Wert des Betriebsvermögens der Kapitalgesellschaft zum Bewertungsstichtag (§ 97 Abs. 1b BewG).

Abweichend davon sind für Fälle ab dem 01.01.2016 bei der Wertermittlung des Anteils Regelungen zu berücksichtigen, die sich auf den Wert des Anteils auswirken, wie z. B. eine vom Verhältnis des Anteils am Nennkapital abweichende Gewinnverteilung bzw. eine abweichende Verteilung des Liquidationserlöses (vgl. H B 97.6 ErbStH).

**Merke**

Zivilrechtlich besteht eine Haftung des Anteilseigners an einer GmbH nur gegenüber der Gesellschaft durch die geleistete Kapitaleinlage und nicht gegenüber den Verbindlichkeiten der Gesellschaft. Bei erworbenen Anteilen an einer GmbH kann daher kein negativer Wertansatz erfolgen, weil eine persönliche Haftung des Erblassers bzw. Schenkers nicht möglich ist (vgl. § 13 Abs. 2 GmbHG; R B 11.4 Abs. 10 ErbStR).

### 4.3.8 Besonderheiten bei vermögensverwaltenden Personengesellschaften

Für Übertragungen von Beteiligungen an vermögensverwaltenden Personengesellschaften oder -gemeinschaften ist keine Unternehmensbewertung wie bei gewerblichen Personengesellschaften möglich. Hierbei sind die anteiligen Wirtschaftsgüter und Schulden der Gesellschaft als Erwerbsgegenstände anzunehmen (§ 10 Abs. 1 Satz 4 ErbStG).

**Beispiele**

- Vermögensverwaltende Personengesellschaft (Einkünfte §§ 20, 21 EStG); gewerblich geprägte Personengesellschaft vor Eintragung ins Handelsregister; geschlossener Immobilienfonds; ungeteilte Erbengemeinschaft;
- Personengesellschaft bei fehlender Mitunternehmerstellung des Erwerbers; Schenkung einer Beteiligung an einer Personengesellschaft unter freiem Widerrufsvorbehalt.

Bei Erwerb einer Beteiligung an einer vermögensverwaltenden Personengesellschaft oder -gemeinschaft ist der Anteil am Wert der erworbenen sonstigen Vermögensgegenstände und Schulden, die mehreren Personen zustehen, nach § 151 Abs. 1 Satz 1 Nr. 4 BewG gesondert festzustellen.

Nicht einzubeziehen sind hierbei im Vermögen der Gesellschaft enthaltene Grundbesitzwerte und Werte nicht notierter Anteile an Kapitalgesellschaften. Diese sind nach § 151 Abs. 1 Satz 1 Nr. 1 oder 3 BewG eigenständig festzustellen.

**Merke**

Eine Verschonung nach §§ 13a ff. ErbStG kommt für Anteile an vermögensverwaltenden Gesellschaften nicht in Betracht, da kein unternehmerisches Vermögen übertragen wird (vgl. H E 10.4 ErbStH).

## 4.4 Bewertung von sonstigen Vermögensgegenständen und Schulden

**Auf den Punkt gebracht**

Zu den im übrigen Vermögen des Erblassers zu berücksichtigenden sonstigen Vermögensgegenständen gehören in der Praxis insbesondere börsennotierte Wertpapiere, Bankguthaben und Versicherungsleistungen, die von den Banken, Bausparkassen und Versicherungen zum Todestag an das zuständige Erbschaftsteuer-Finanzamt gemeldet werden müssen.

### 4.4.1 Allgemeines

Die Bewertung von sonstigen Vermögensgegenständen und Schulden ist im Ersten Teil des BewG (§§ 1–16) geregelt. Das BewG sieht je nach Wirtschaftsgütern bzw. wirtschaftlichen Einheiten verschiedene Arten der Wertermittlung vor.

### 4.4.2 Übersicht

Folgende Vermögensgegenstände und Schulden können Gegenstand eines Nachlasses oder einer Schenkung sein.

| Gegenstand: | Bewertung: |
|---|---|
| Börsennotierte Wertpapiere: | niedrigster Kurswert vom Bewertungsstichtag (§ 11 Abs. 1 BewG) |
| Wertpapiere, für die ein Kurswert nicht besteht, soweit sie Forderungsrechte verbriefen: | Ansatz mit dem Nennwert (§ 12 Abs. 1 BewG) |
| Ausländische Wertpapiere: | Telefonkurs des inländischen Bankverkehrs bzw. Kurs des Emissionslandes |
| Junge Aktien und Vorzugs-/Stammaktien, die nicht an der Börse eingeführt sind: | Ableitung des gemeinen Werts aus dem Börsenkurs der Stamm-/Vorzugsaktien |
| Anteilsscheine und ausländische Investmentanteile: | Ansatz mit dem Rücknahmepreis (§ 11 Abs. 4 BewG), falls kein Kurswert Zweitmarkt Börse vorhanden |
| Bargeld/Zahlungsmittel, Kapitalforderungen, z. B. aus Bauspar- und Bankguthaben, Darlehensforderungen: | Ansatz mit dem Nennwert inkl. Zinsen bis Todestag (§ 12 Abs. 1 BewG) |
| Kapitalschulden: | Ansatz mit dem Nennwert (§ 12 Abs. 1 BewG) |
| Unverzinsliche Forderungen und Schulden: | Ansatz mit dem abgezinsten Gegenwartswert (§ 12 Abs. 3 BewG) |
| Sonstige Forderungen, Steuererstattungsansprüche, Instandhaltungsrücklage: | Ansatz mit dem Nennwert (§ 12 Abs. 1 BewG) |
| Wiederkehrende Nutzungen (z. B. Wohnrecht, Nießbrauchsrecht) und Leistungen (z. B. Renten): | Ansatz mit dem Kapitalwert (§§ 13–16 BewG, Jahreswert × Vervielfältiger nach der Dauer der Nutzung oder Leistung) |
| Noch nicht fällige Ansprüche aus Lebens-, Kapital- oder Rentenversicherungen: | Ansatz mit dem Rückkaufswert (§ 12 Abs. 4 BewG) |
| Fällige Ansprüche aus Lebens-, Kapital- oder Rentenversicherungen: | Ansatz mit dem Nennwert (§ 12 Abs. 1 BewG), falls auf Kapitalbetrag gerichtet bzw. mit dem Kapitalwert (§§ 13–15 BewG), falls auf wiederkehrende Leistungen, z. B. Renten, gerichtet |
| Sonstige Gegenstände, wie z. B. Hausrat und andere bewegliche körperliche Gegenstände (z. B. Schmuck, Kfz, Boot), Münzen, unverarbeitete Edelmetalle, Edelsteine, Perlen, Sammlungen Kunstgegenstände, Auslandsvermögen: | Ansatz mit dem gemeinen Wert (§ 9 BewG), d. h. realisierbarer Einzelveräußerungspreis |

**Tab. 26:** Bewertung sonstiger Vermögensgegenstände und Schulden

**Beratungshinweise**

1. Inländische Banken, Bausparkassen und Versicherungen sind nach § 33 ErbStG verpflichtet, das dort vorhandene Vermögen des Erblassers zu dessen Todestag dem zuständigen Erbschaftsteuer-Finanzamt mitzuteilen. Normalerweise gehen diese Anzeigen auch an die Erben des Erblassers. Die in der Anzeige enthaltenen Werte (Bank- bzw. Bausparguthaben inkl. Zinsen bis zum Todestag, Wertpapierguthaben, Versicherungsleistungen, etc.) können in die Erbschaftsteuererklärung übernommen werden.
2. Ausländisches Vermögen (z. B. ausländische Bankguthaben) des Erblassers bzw. Schenkers ist nach § 30 Abs. 3 ErbStG vom Erwerber anzuzeigen. Die Anzeige ist auch noch im Rahmen der Abgabe der Erbschaftsteuererklärung möglich.
3. Versicherungsleistungen und Bankguthaben können auch an Personen gelangen, die keine Erben sind, wenn diese vom Erblasser in einem Vertrag zugunsten Dritter als Bezugsberechtigte bestimmt sind. Diese gehen außerhalb des Nachlasses über und sind nach § 3 Abs. 1 Nr. 4 ErbStG der Erbschaftsteuer zu unterwerfen.
4. Hat der Erblasser zum Todestag noch Rentenansprüche oder Rentenschulden, die auf den Erben übergehen, können diese zeitlich begrenzt oder auf das Leben einer Person abgestellt sein. Zeitlich begrenzte Renten sind nach § 13 Abs. 1 BewG durch Multiplikation des Jahreswerts der Rente mit dem Vervielfältiger nach Anlage 9a zum BewG (bezogen auf die Laufzeit) zu bewerten. Der Kapitalwert einer lebenslänglichen Rente wird nach § 14 Abs. 1 BewG durch Multiplikation des Jahreswerts der Rente mit dem Vervielfältiger nach der Anlage zu § 14 BewG (Lebensalter) ermittelt.

## 4.5 Gesondertes Feststellungsverfahren

**Auf den Punkt gebracht**

Bei im Nachlass oder bei einer Schenkung vorhandenen Grundstücken, Betriebsvermögen oder Anteilen an Kapitalgesellschaften erfolgt eine gesonderte Feststellung des Werts durch das Belegenheits-Finanzamt. Diese Werte sind an das Erbschaftsteuer-Finanzamt zu übermitteln. Die Feststellungsbescheide stellen Grundlagenbescheide für die Erbschaftsteuer dar. Hierbei bestehen verfahrensrechtliche Vorgaben (z. B. örtliche Zuständigkeit, Erklärungspflicht, Beteiligtenstellung), die zu beachten sind.

### 4.5.1 Gesonderte Feststellung von Bedarfswerten

#### a) Feststellung von Bedarfswerten nach § 151 Abs. 1 Satz 1 BewG

| |
|---|
| • Grundbesitzwert, |
| • Wert des Betriebsvermögens bzw. Anteils (Betriebsvermögenswert), |
| • Wert von nicht notierten Anteilen an Kapitalgesellschaften (Anteilswert), |
| • Anteil am Wert von sonstigen Vermögensgegenständen und Schulden, die mehreren Personen zustehen. |

**Tab. 27:** Festzustellende Bedarfswerte nach § 151 Abs. 1 BewG

Feststellungszeitpunkt und somit Bewertungsstichtag für die Bedarfsbewertung ist der jeweilige Besteuerungszeitpunkt der Erbschaft- bzw. Schenkungsteuer. Das ist zum einen der Todestag und zum anderen der Tag der Ausführung der Schenkung.

Im Feststellungsbescheid sind Feststellungen über die Art, den Wert und die Zurechnung der wirtschaftlichen Einheit zu treffen (§ 151 Abs. 1 und 2 BewG).

**Merke**

Werte, die für ertragsteuerliche Zwecke erforderlich sind, werden nicht gesondert festgestellt, sondern sie werden im Wege der Amtshilfe dem anfordernden Finanzamt mitgeteilt. Ein Einspruch kann dann beispielsweise nur gegen einen Einkommensteuerbescheid erfolgen, in dem sich ein ermittelter Grundstückswert ausgewirkt hat.

Voraussetzung für eine Feststellung ist, dass die Werte für die Erbschaftsteuer oder eine andere Feststellung i. S. d. § 151 Abs. 1 Satz 1 Nr. 2–4 BewG von Bedeutung sind. Die Entscheidung über eine Bedeutung für die Besteuerung trifft das für die Festsetzung der Erbschaftsteuer zuständige oder das die Feststellung anfordernde Finanzamt.

**Beratungshinweis**

Im Einvernehmen mit den Verfahrensbeteiligten kann darauf verzichtet werden, ein Feststellungsverfahren durchzuführen, wenn es sich um einen Fall von geringer Bedeutung handelt. Dieser liegt insbesondere vor, wenn der Verwaltungsaufwand der Beteiligten außer Verhältnis zur steuerlichen Auswirkung steht und der festzustellende Wert unbestritten ist. Solch ein Fall liegt z. B. in mehrstufigen Beteiligungsverhältnissen bei Unternehmen auf unteren Ebenen vor.

**b) Gesonderte Feststellungen nach § 13a Abs. 4 ErbStG**

Das zuständige Finanzamt stellt für Bewertungsstichtage **ab dem 01.07.2011** die **Ausgangslohnsumme, die Anzahl der Beschäftigten und die Summe der maßgebenden jährlichen Lohnsummen** gesondert und ggf. einheitlich fest, wenn diese Werte für die Erbschaftsteuer oder eine andere Feststellung von Bedeutung sind.

**c) Gesonderte Feststellungen nach § 13b Abs. 10 ErbStG**

Das zuständige Finanzamt stellt für Bewertungsstichtage **ab dem 01.07.2016** die Werte des **Verwaltungsvermögens, des jungen Verwaltungsvermögens, der Finanzmittel, der jungen Finanzmittel und der Schulden** gesondert und ggf. einheitlich fest, wenn diese Werte für die Erbschaftsteuer oder eine andere Feststellung von Bedeutung sind.

Bei einer Beteiligung an einer Personengesellschaft oder bei Anteilen an einer Kapitalgesellschaft sind die entsprechenden Wirtschaftsgüter und Schulden einem Gesellschafter anteilig zuzurechnen.

Für Bewertungsstichtage ab dem 29.12.2020 stellt das zuständige Finanzamt bei Einzelunternehmen und Anteilen an Personengesellschaften den Wert des Betriebsvermögens, das einer in einem Drittstaat belegenen Betriebsstätte dient, und das Vorliegen des gewerblichen Hauptzwecks eines Unternehmens für den Abzug des Sockelbetrags von 15% beim Finanzmitteltest gesondert fest.

**Merke**

Die Feststellungen nach § 13a Abs. 4 und § 13b Abs. 10 ErbStG erfolgen auch dann, wenn es sich um ein börsennotiertes Unternehmen (§ 11 Abs. 1 BewG) handelt und deshalb keine Feststellung des Werts des Anteils an der Kapitalgesellschaft nach § 151 Abs. 1 Satz 1 Nr. 3 BewG erfolgt.

**d) Gesonderte Feststellung nach § 13b Abs. 9a ErbStG**

Das zuständige Finanzamt stellt für Bewertungsstichtage ab dem 29.12.2020 das Vorliegen der Voraussetzungen für den Vorwegabschlag nach § 13a Abs. 9 ErbStG und dessen Höhe auf den Zeitpunkt der Entstehung der Steuer gesondert fest.

### 4.5.2 Basiswertregelung

Gesondert festgestellte Werte sind einer innerhalb einer Jahresfrist folgenden Feststellung für dieselbe wirtschaftliche Einheit unverändert zugrunde zu legen, wenn sich die für die erste Bewertung bzw. Feststellung maßgeblichen Stichtagsverhältnisse nicht wesentlich geändert haben (§ 151 Abs. 3 BewG).

**Beratungshinweis**

Die Basiswertregelung bringt Arbeitsvereinfachungen z. B. bei Publikumsgesellschaften, wo innerhalb eines Jahres mehrere Schenkungen oder Erbfälle vorkommen. Hierbei sind auf den ersten Bewertungsstichtag des Jahres eine Unternehmensbewertung und die erforderlichen Feststellungen vorzunehmen. Diese Werte können dann allen weiteren Erwerbsvorgängen des folgenden Jahres (also zwölf Monate lang) zugrunde gelegt werden.

### 4.5.3 Örtliche Zuständigkeit für die Feststellungen

Für die gesonderten Feststellungen ist das Belegenheits-Finanzamt (§ 152 BewG) der einzelnen Vermögensgegenstände (Grundstücke, Betriebe der LuF, Betriebsvermögen, Anteile an Kapitalgesellschaften, sonstige Vermögensgegenstände und Schulden) zuständig.

### 4.5.4 Bewertung von Auslandsvermögen

Ausländisches Unternehmensvermögen ist bei der Erbschaft- und Schenkungsteuer zu berücksichtigen, wenn mit dem betreffenden Land kein Erbschaftsteuer-Doppelbesteuerungsabkommen getroffen wurde.

Erbschaftsteuer-Doppelbesteuerungsabkommen gibt es nur mit Dänemark, Frankreich, Griechenland, Schweden, Schweiz und den USA. Das Auslandsvermögen ist daher regelmäßig bei inländischen Erbfällen oder Schenkungen zu berücksichtigen.

Das dem Erblasser unmittelbar gehörende ausländische Vermögen ist beim jeweiligen Erbschaftsteuer-Finanzamt mit dem gemeinen Wert zu erklären.

**Beratungshinweis**

Hierbei können, z. B. bei Grundstücken, die auch bei einer ausländischen Behörde anzusetzenden Werte in der Regel übernommen werden. Gegebenenfalls sind hierbei Vergleichsverkäufe ersichtlich, die dann angesetzt werden können. Die Bewertung von Unternehmen kann entsprechend den inländischen Bewertungsvorschriften erfolgen. Bei ausländischen Bankguthaben und Wertpapierdepots können die entsprechenden Werte durch Vorlage von Bank- und Depotauszügen erklärt werden.

Gehört ausländisches Vermögen zu einem inländischen Unternehmensvermögen, ist deren Wert beim jeweiligen inländischen Betriebs-Finanzamt unabhängig von der Art des Vermögens (Grundbesitz, Beteiligungen) zu erklären (vgl. R B 151.1 Abs. 3 und R B 152 ErbStR).

### 4.5.5 Erklärungspflicht

Grundsätzlich kann das zuständige Finanzamt von jedem, für dessen Besteuerung eine gesonderte Feststellung von Bedeutung ist (z. B. Erbe, Beschenkter), die Abgabe einer Feststellungserklärung verlangen (§ 153 Abs. 1 BewG).

Das Finanzamt fordert in der Regel folgende Erklärungspflichtige zur Abgabe der Feststellungserklärung auf:

- Den Alleinerben; ggf. den Vermächtnisnehmer;
- bei Erbengemeinschaften ergeht die Aufforderung an einen der Miterben;
- ist ein Testamentsvollstrecker/Nachlassverwalter oder Nachlasspfleger benannt, erhält dieser die Feststellungserklärung;
- bei einer Schenkung wird jeder Beschenkte in Bezug auf den ihm geschenkten Vermögensgegenstand Einzelrechtsnachfolger; hierbei wird jeder Beschenkte zur Abgabe der Feststellungserklärung aufgefordert;
- bei der Bewertung von nicht notierten Anteilen an Kapitalgesellschaften kann die Feststellungserklärung aufgrund der gesetzlichen Vorgabe nur von der Kapitalgesellschaft angefordert werden;
- in den Fällen, in denen der Gegenstand der Feststellung einer Personengemeinschaft oder Personengesellschaft zuzurechnen ist, wird die Feststellungserklärung vorrangig von der Gemeinschaft bzw. Gesellschaft angefordert.

### 4.5.6 Beteiligte am Feststellungsverfahren und Bekanntgabe des Feststellungsbescheids

Am Feststellungsverfahren sind beteiligt (§ 154 Abs. 1 BewG):

- diejenigen, denen der Gegenstand der Feststellung zuzurechnen ist,
- diejenigen, die das Finanzamt zur Abgabe einer Feststellungserklärung aufgefordert hat und
- diejenigen, die eine Steuer als Schuldner oder Gesamtschuldner schulden, für deren Festsetzung die Feststellung von Bedeutung ist.

Die Beteiligten am Feststellungsverfahren sind in der Regel auch diejenigen, denen ein Feststellungsbescheid bekanntgegeben werden muss. Diese sind in den entsprechenden Abschnitten bzw. Anlagen des Feststellungsbescheids stets als Beteiligte am Verfahren mit Namen und Anschrift aufzuführen. Bei einer Erbengemeinschaft sind die einzelnen Miterben zwingend aufzuführen.

Bei Schenkungen sind für Stichtage ab dem 01.01.2016 der Schenker und der Beschenkte als Gesamtschuldner immer Beteiligte des Verfahrens, unabhängig davon, ob der Schenker gemäß § 10 Abs. 2 ErbStG die Steuer übernimmt oder nicht.

Das Erreichen der Beteiligtenstellung ist auch bei Unternehmen erforderlich (z. B. durch Aufforderung zur Abgabe der Feststellungserklärung), damit bei diesen eine Betriebsprüfung durchgeführt werden kann.

**Merke**

Die Berücksichtigung der Beteiligten ist verfahrensrechtlich erforderlich, da der Feststellungsbescheid ansonsten nichtig sein kann.

a) **Bekanntgabe an Erbengemeinschaft:** Der Feststellungsbescheid wird regelmäßig durch Bekanntgabe an ein vertretungsberechtigtes Mitglied für die Erbengemeinschaft wirksam (§ 183 AO). Es genügt dabei, wenn im Bescheidkopf die Gemeinschaft als solche bezeichnet wird. Die einzelnen Miterben müssen im weiteren Bescheid benannt werden.
b) **Bekanntgabe an Vermächtnisnehmer:** Der Feststellungsbescheid (z. B. über Grundbesitzwert bzw. Unternehmenswert) ist gegenüber dem Vermächtnisnehmer und gegenüber dem Alleinerben bzw. der Erbengemeinschaft bekanntzugeben. Feststellungen der Werte des Verwaltungsvermögens etc., der Beschäftigten und der Ausgangslohnsumme erfolgen bei einem 100%-Vermächtnis nur gegenüber dem Vermächtnisnehmer. Bei einem Vermächtnis < 100% sind die entsprechenden Werte gegenüber dem Vermächtnisnehmer und dem Alleinerben bzw. der Erbengemeinschaft festzustellen.
c) **Bekanntgabe bei Schenkungen:** Im Schenkungsfall ergeht an jeden Beschenkten ein Feststellungsbescheid. Der Schenker und der jeweilige Beschenkte sind im Bescheid als Beteiligte zu benennen.
d) Im Falle einer Schenkung, bei der der Schenker die Steuer übernommen hat, ist der Bescheid an den Beschenkten und den Schenker bekannt zu geben.

e) **Bekanntgabe bei Erwerb von Anteilen an Kapitalgesellschaften:** Bei der Bewertung eines Anteils an einer Kapitalgesellschaft ist der Feststellungsbescheid neben dem Erben/Beschenkten oder Schenker auch der Kapitalgesellschaft bekannt zu geben, da diese zur Abgabe der Feststellungserklärung aufgefordert wurde.
f) **Bekanntgabe bei Erwerb von Beteiligung an Personengesellschaft:** Bei der Bewertung einer Beteiligung an einer Personengesellschaft ist der Feststellungsbescheid neben dem Erben/Beschenkten oder Schenker auch der Personengesellschaft bekannt zu geben, wenn diese zur Abgabe der Feststellungserklärung aufgefordert wurde.
g) **Bekanntgabe an Dritte:** Der Feststellungsbescheid kann auch einem nicht beteiligten Dritten gegenüber (z. B. an den steuerlichen Berater) bekanntgegeben werden (§ 122 Abs. 1 Satz 2 AO). Voraussetzung ist eine wirksame Empfangsvollmacht des Erwerbers bzw. der Erbengemeinschaft.
h) Bei **Testamentsvollstreckung, Nachlassverwaltung oder Nachlasspflegschaft** ist dem entsprechenden Vermögensverwalter (Testamentsvollstrecker, Nachlassverwalter oder Nachlasspfleger) der Feststellungsbescheid bekannt zu geben.

### 4.5.7 Erfordernis einer einheitlichen Feststellung

Ab dem Bewertungsstichtag 01.01.2016 sind grundsätzlich gesonderte und einheitliche Feststellungen durchzuführen:

- bei Schenkungen,
- bei Feststellungen von Anteilswerten von Kapitalgesellschaften,
- bei Feststellungen ab der 2. Beteiligungsstufe,
- bei Feststellungen von Betriebsvermögenswerten von Personengesellschaften, soweit diese Beteiligte am Verfahren sind,
- bei Feststellungen gegenüber Erbengemeinschaften (auch bei Stichtagen bis zum 31.12.2015).

Nur eine gesonderte Feststellung ist durchzuführen beim Erwerb eines Grundstücks oder eines Einzelunternehmens durch einen Alleinerben.

### 4.5.8 Rechtsbehelfsbefugnis

Zur Einlegung eines Rechtsbehelfs sind die Beteiligten i. S. d. § 154 BewG befugt (§ 155 BewG).

### 4.5.9 Außenprüfung

Zur Ermittlung der Besteuerungsgrundlagen kann eine Außenprüfung bei jedem Beteiligten, insbesondere bei Kapital- bzw. Personengesellschaften, angeordnet werden (§ 156 BewG).

# 5 Verwendung der Erklärungsvordrucke

Die nachfolgenden Erklärungsvordrucke sind beim Erbschaft- bzw. Schenkungsteuer-Finanzamt einzureichen, wenn dieses einen Erwerber zur Abgabe einer Erbschaft- bzw. Schenkungsteuererklärung aufgefordert hat.

**Merke**

Eine Erbschaft- bzw. Schenkungsteuererklärung mit den entsprechenden Anlagen kann auch ohne Aufforderung vom Steuerpflichtigen abgegeben werden, z. B. im Rahmen der Anzeige des Erbfalls bzw. der Schenkung nach § 30 ErbStG.

Im **Erbfall** können folgende Vordrucke erforderlich sein:
- Erbschaftsteuererklärung; Anlage Erwerber (immer abzugeben);
- Anlage Angaben zu den Bedarfswerten; Anlage Steuerbefreiung Familienheim; Anlage Steuerbefreiung für zu Wohnzwecken vermietete Grundstücke; Anlage Steuerentlastung Unternehmensvermögen;
- Vereinfachte Erbschaftsteuererklärung.

Im **Schenkungsfall** können folgende Vordrucke erforderlich sein:
- Schenkungsteuererklärung (immer abzugeben);
- Anlage Angaben zu den Bedarfswerten; Anlage Steuerbefreiung Familienheim; Anlage Steuerbefreiung für zu Wohnzwecken vermietete Grundstücke; Anlage Steuerentlastung Unternehmensvermögen;
- Anlage Gegenleistungen und Auflagen;
- Vereinfachte Schenkungsteuererklärung.

Die Formulare zur Erbschaftsteuer und zur Bedarfsbewertung (Grundbesitz, Unternehmen, etc.) sind auch in den Internetauftritten der Finanzverwaltungen der einzelnen Bundesländer aufrufbar.

In Baden-Württemberg sind ausfüllbare PDF-Formulare über folgende Adresse ersichtlich: finanzamt-bw.fv-bwl.de → Service → Formulare.

## 5.1 Erbschaftsteuererklärung

**Merke**

Der Vordruck ist immer auszufüllen, wenn das Erbschaftsteuer-Finanzamt den oder die Erben zur Abgabe einer Erbschaftsteuererklärung aufgefordert hat. Hierbei sind neben den Angaben zum Erblasser und den Beteiligten Angaben zu den hinterlassenen Vermögenswerten und Schulden sowie zu evtl. Vorschenkungen zu machen.

## 5.2 Anlage Erwerber zur Erbschaftsteuererklärung

**Merke**

Für jeden am Erbfall beteiligten Erwerber (z. B. Alleinerbe, Miterbe einer Erbengemeinschaft, Vermächtnisnehmer) ist eine gesonderte Anlage auszufüllen. Hierbei ist neben den persönlichen Angaben zum Erwerber auch dessen Erwerbsgrund anzugeben.

## 5.3 Anlage Angaben zu den Bedarfswerten – Auszüge

**Merke**

Dieser Vordruck ist auszufüllen, wenn bei einem Erbfall oder bei einer Schenkung Grundstücke, land- und forstwirtschaftliches Vermögen, Betriebsvermögen oder Anteile an einer Kapitalgesellschaft auf den Erwerber übergehen. Die Angaben dienen dem Erbschaftsteuer-Finanzamt für eine erste Überprüfung bzw. Schätzung des Falls. Hierbei schließt sich häufig noch die Feststellung der entsprechenden Werte durch das Belegenheits-Finanzamt an.

A. Grundbesitz:

| Lage und Größe des Grundstücks | Grundstücksart | Lage-Finanzamt EW-AZ | Einheitswert | Bodenrichtwert | Geschätzter gemeiner Wert/ Verkehrswert | Anteil am Grundstück |
|---|---|---|---|---|---|---|
| (Ort, Straße, Haus-Nr., Gemarkung, Flur, FlSt., Grundstücksgröße) | a) EFH, ZFH, MWG, WEG, etc.<br>b) LuF | | des ganzen Grundstücks in € | €/m$^2$ | € | % |
| | | | | | | |

B. Betriebsvermögen oder Anteile daran, nicht notierte Anteile an Kapitalgesellschaften sowie sonstige Vermögensgegenstände und Schulden, die mehreren Personen zustehen:

| Lfd. Nr. | Art des Vermögens:<br>– Betriebsvermögen (BV)<br>– Anteil am BV<br>– Anteil an KapG<br>– sonstige Gegenstände u. Schulden<br>Name Betrieb | Zuständiges FA/ St.Nr. | Wert des übertragenen Vermögens | | | | Gewinn/ Verlust der letzten drei Wirtschaftsjahre |
|---|---|---|---|---|---|---|---|
| | | | Gesamtwert | davon Sonderbetriebsvermögen | davon Grundbesitz | davon Beteiligung | |
| | | | Geschätzter Wert in €; ggf. Anteil in % | Geschätzter Wert in € | Lage des Grundstücks; bilanzierter Anteil | Bezeichnung u. geschätzter Wert in € | |
| | | | | | | | |

## 5.4 Anlage Steuerbefreiung Familienheim

**Merke**

Die Anlage ist von Ehegatten oder Kindern auszufüllen, wenn diese ein sog. Familienheim erben und die Befreiung erhalten möchten. Voraussetzung ist, dass der Erblasser das Familienheim selbst genutzt hat und der Erwerber dieses nach dessen Tod unverzüglich selbst nutzt.

## 5.5 Anlage Steuerbefreiung für zu Wohnzwecken vermietete Grundstücke

**Merke**

Dieser Vordruck ist auszufüllen, wenn bei einem Erbfall oder bei einer Schenkung Grundstücke oder Teile davon zu Wohnzwecken vermietet werden und der Erwerber den Befreiungsabschlag von 10 % erhalten möchte. Weitere Voraussetzung ist, dass die Grundstücke im Inland, in der EU oder im EWR belegen sind.

## 5.6 Anlage Steuerentlastung Unternehmensvermögen

**Merke**

Dieser Vordruck ist auszufüllen, wenn bei einem Erbfall oder bei einer Schenkung land- und forstwirtschaftliches Vermögen, Betriebsvermögen oder Anteile an einer Kapitalgesellschaft auf den Erwerber übergehen und dieser die Verschonungen nach §§ 13a – c, 28a ErbStG erhalten möchte.

## 5.7 Vereinfachte Erbschaftsteuer-/Schenkungsteuererklärung

**Merke**

Dieser Vordruck ist auszufüllen, wenn bei einem Erbfall oder bei einer Schenkung nur einzelne Vermögensgenstände ohne sachliche Steuerbefreiungen auf den Erwerber übergehen (z. B. bei Vermächtniserwerb, Erwerb aufgrund Vertrag zugunsten Dritter).

## 5.8 Schenkungsteuererklärung

**Merke**

Der Vordruck ist immer auszufüllen, wenn das Schenkungsteuer-Finanzamt den Erwerber zur Abgabe einer Schenkungsteuererklärung aufgefordert hat. Hierbei sind neben den Angaben zum Schenker und zum Beschenkten Angaben zu den Gegenständen der Zuwendung, zu Erwerbsnebenkosten sowie zu evtl. Vorschenkungen zu machen.

## 5.9 Anlage Gegenleistungen und Auflagen zur Schenkungsteuererklärung

**Merke**

Die Anlage ist auszufüllen, wenn der Erwerber bei einer Schenkung Gegenleistungen und Auflagen zu erbringen hat (z. B. übernommene Schulden, Einmalzahlungen, Rentenzahlungen, Wohnrechte, Nießbrauchsrechte).

# 6 Zuständige Erbschaftsteuer-Finanzämter in Deutschland

## 6.1 Allgemeines

Das örtlich zuständige Finanzamt bestimmt sich i. d. R. nach dem Wohnsitz des Erblassers oder Schenkers, wenn dieser zum Todestag oder Schenkungstag Inländer war (§ 35 Abs. 1 ErbStG).

Je nach Wohnsitz-Finanzamt des Erblassers oder Schenkers gibt es in einigen Bundesländern zentral für die Verwaltung der Erbschaft- bzw. Schenkungsteuer zuständige Finanzämter. In anderen Bundesländern liegt die Zuständigkeit für die Erbschaft- bzw. Schenkungsteuer nur bei einem Finanzamt. Das Verzeichnis der für die Verwaltung der Erbschaft- bzw. Schenkungsteuer zuständigen Finanzämter ist unter Abschnitt 6.2 ersichtlich.

Ist nur der Erwerber Inländer, so ist das Finanzamt zuständig, in dessen Bezirk dieser im Zeitpunkt des Erwerbs seinen Wohnsitz oder gewöhnlichen Aufenthalt hatte (§ 35 Abs. 2 ErbStG).

War weder der Erblasser oder Schenker noch der Erwerber Inländer (beschränkte Steuerpflicht), so ist das Finanzamt zuständig, in dessen Bezirk sich das der Erbschaft- oder Schenkungsteuer unterliegende Vermögen befindet (§ 35 Abs. 4 ErbStG).

Bei Schenkungen unter Lebenden von einer Erbengemeinschaft ist das Finanzamt zuständig, das für die Bearbeitung des Erbfalls zuständig ist. Dies gilt auch, wenn eine Erbengemeinschaft aus zwei Erben besteht und der eine Miterbe bei der Auseinandersetzung eine Schenkung an den anderen Miterben ausführt (§ 35 Abs. 3 ErbStG).

## 6.2 Verzeichnis der für die Verwaltung der Erbschaft- und Schenkungsteuer zuständigen Finanzämter

| Land | Zuständiges Erbschaftsteuer-/ Schenkungsteuer-Finanzamt | Bezirk des Erbschaftsteuer-/Schenkungsteuer-Finanzamts |
|---|---|---|
| **Baden-Württemberg** | Aalen<br>Wilhelm-Zapf-Str. 6<br>73430 Aalen | Bezirke der Finanzämter:<br>Aalen, Heidenheim, Schorndorf, Schwäbisch Gmünd, Schwäbisch Hall, Ulm und Waiblingen |
| | Freiburg-Land<br>Stefan-Meier-Str. 133<br>79104 Freiburg<br>Erbschaftsteuerstelle<br>Goethestr. 5<br>79822 Titisee-Neustadt | Bezirke der Finanzämter:<br>Emmendingen, Freiburg-Land, Freiburg-Stadt, Lahr, Lörrach, Müllheim und Offenburg |

| Land | Zuständiges Erbschaftsteuer-/ Schenkungsteuer-Finanzamt | Bezirk des Erbschaftsteuer-/Schenkungsteuer-Finanzamts |
|---|---|---|
| | Karlsruhe-Durlach<br>Prinzessenstr. 2<br>76227 Karlsruhe | Bezirke der Finanzämter:<br>Baden-Baden, Bruchsal, Calw, Ettlingen, Freudenstadt, Karlsruhe-Durlach, Karlsruhe-Stadt, Mühlacker, Pforzheim und Rastatt |
| | Mosbach<br>Pfalzgraf-Otto-Str. 5<br>74821 Mosbach<br>Erbschaftsteuerstelle:<br>Albert-Schneider-Str. 1<br>74731 Walldürn | Bezirke der Finanzämter:<br>Heidelberg, Mannheim-Neckarstadt, Mannheim-Stadt, Mosbach, Schwetzingen, Sinsheim und Weinheim |
| | Reutlingen<br>Leonhardsplatz 1<br>72764 Reutlingen | Bezirke der Finanzämter:<br>Bad Urach, Böblingen, Esslingen, Göppingen, Leonberg, Nürtingen, Reutlingen und Tübingen |
| | Sigmaringen<br>Karlstr. 31<br>72488 Sigmaringen<br>Erbschaftsteuerstelle<br>Schulstr. 5<br>88348 Bad Saulgau | Bezirke der Finanzämter:<br>Balingen, Biberach, Ehingen, Friedrichshafen, Ravensburg, Sigmaringen, Überlingen und Wangen |
| | Tauberbischofsheim<br>Dr.-Burger-Str. 1<br>97941 Tauberbischofsheim<br>Erbschaftsteuerstelle:<br>Schloss 7<br>97980 Bad Mergentheim | Bezirke der Finanzämter:<br>Backnang, Bietigheim-Bissingen, Heilbronn, Ludwigsburg, Öhringen, Stuttgart I, Stuttgart II, Stuttgart III, Stuttgart-Körperschaften und Tauberbischofsheim |
| | Villingen-Schwenningen<br>Weiherstr. 7<br>78050 Villingen-Schwenningen | Bezirke der Finanzämter:<br>Konstanz, Rottweil, Singen, Tuttlingen, Villingen-Schwenningen und Waldshut-Tiengen |
| **Bayern** | Amberg<br>Kirchensteig 2<br>92224 Amberg | Bezirke der Finanzämter:<br>Amberg, Cham, Hersbruck, Hilpoltstein, Neumarkt, Nürnberg-Nord, Nürnberg-Süd, Nürnberg-Zentral, Regensburg, Schwabach, Schwandorf, Waldsassen und Weiden |
| | Eggenfelden<br>Pfarrkirchnerstr. 71<br>84307 Eggenfelden | Bezirke der Finanzämter:<br>Berchtesgaden-Laufen, Burghausen, Deggendorf, Dingolfing, Ebersberg, Eggenfelden, Grafenau, Kelheim, Landshut, Miesbach, Mühldorf, Passau, Rosenheim, Straubing, Traunstein und Zwiesel |
| | Hof<br>Ernst-Reuter-Str. 60<br>95030 Hof | Bezirke der Finanzämter:<br>Bamberg, Bayreuth, Coburg, Erlangen, Forchheim, Hof, Kronach, Kulmbach, Lichtenfels und Wunsiedel |

| Land | Zuständiges Erbschaftsteuer-/ Schenkungsteuer-Finanzamt | Bezirk des Erbschaftsteuer-/Schenkungsteuer-Finanzamts |
|---|---|---|
| | Kaufbeuren<br>Remboldstr. 21<br>87600 Kaufbeuren | Bezirke der Finanzämter:<br>Garmisch-Partenkirchen, Kaufbeuren, Kempten, Landsberg, Lindau, München, Starnberg, Weilheim-Schongau und Wolfratshausen |
| | Lohr am Main<br>Rexrothstr. 14<br>97816 Lohr am Main | Bezirke der Finanzämter:<br>Ansbach, Aschaffenburg, Bad Kissingen, Bad Neustadt, Fürth, Gunzenhausen, Kitzingen, Lohr, Obernburg, Schweinfurt, Uffenheim, Würzburg und Zeil |
| | Nördlingen<br>Tändelmarkt 1<br>86720 Nördlingen | Bezirke der Finanzämter:<br>Augsburg-Land, Augsburg-Stadt, Dachau, Dillingen, Eichstätt, Erding, Freising, Fürstenfeldbruck, Günzburg, Ingolstadt, Memmingen, Neu-Ulm, Nördlingen, Pfaffenhofen und Schrobenhausen |
| **Berlin** | Berlin-Schöneberg<br>Potsdamer Str. 140<br>10783 Berlin<br>Erbschaftsteuerstelle:<br>Sarrazinstr. 4<br>12159 Berlin | Bezirke der Finanzämter:<br>Charlottenburg, Friedrichshain-Kreuzberg, Lichtenberg, Marzahn-Hellersdorf, Mitte-Tiergarten, Neukölln, Pankow-Weißensee, Prenzlauer Berg, Reinickendorf, Schöneberg, Spandau, Steglitz, Tempelhof, Treptow-Köpenick, Wedding, Wilmersdorf, Zehlendorf, Finanzamt für Körperschaften I – IV |
| **Brandenburg** | Frankfurt (Oder)<br>Müllroser Chaussee 53<br>15236 Frankfurt (Oder) | Bezirke der Finanzämter:<br>Angermünde, Brandenburg, Calau, Cottbus, Eberswalde, Frankfurt (Oder), Königs Wusterhausen, Kyritz, Luckenwalde, Nauen, Oranienburg, Potsdam und Strausberg |
| **Bremen** | Bremerhaven<br>Rickmersstr. 90<br>27568 Bremerhaven | Bezirke der Finanzämter:<br>Bremen und Bremerhaven |
| **Hamburg** | Finanzamt Hamburg für Verkehrsteuern und Grundbesitz<br>Gorch-Fock-Wall 11<br>20355 Hamburg | Bezirke der Finanzämter:<br>Hamburg-Altona, Hamburg-Am Tierpark, Hamburg-Barmbek-Uhlenhorst, Hamburg-Eimsbüttel, Hamburg-Hansa, Hamburg-Harburg, Hamburg-Mitte, Hamburg-Nord, Hamburg-Oberalster, Hamburg-Ost |
| **Hessen** | Fulda<br>Gerbergasse 19<br>36037 Fulda | Bezirke der Finanzämter:<br>Bad Homburg, Bensheim, Darmstadt, Dieburg, Frankfurt, Fulda, Gelnhausen, Groß-Gerau, Hanau, Hofheim, Langen, Limburg-Weilburg, Michelstadt, Offenbach, Rheingau-Taunus, Wiesbaden |

| Land | Zuständiges Erbschaftsteuer-/Schenkungsteuer-Finanzamt | Bezirk des Erbschaftsteuer-/Schenkungsteuer-Finanzamts |
|---|---|---|
| | Kassel<br>Altmarkt 1<br>34125 Kassel | Bezirke der Finanzämter:<br>Eschwege-Witzenhausen, Hersfeld-Rotenburg, Kassel, Korbach-Frankenberg und Schwalm-Eder |
| | Wetzlar<br>Frankfurter Str. 59<br>35578 Wetzlar | Bezirke der Finanzämter:<br>Alsfeld-Lauterbach, Dillenburg, Friedberg, Gießen, Marburg-Biedenkopf, Nidda und Wetzlar |
| **Mecklenburg-Vorpommern** | Ribnitz-Damgarten<br>Sandhufe 3<br>18311 Ribnitz-Damgarten | Bezirke der Finanzämter:<br>Greifswald, Güstrow, Hagenow, Neubrandenburg, Ribnitz-Damgarten, Rostock, Schwerin, Stralsund, Waren und Wismar |
| **Niedersachsen** | Aurich-Wittmund<br>Hasseburger Str. 3<br>26603 Aurich | Bezirke der Finanzämter:<br>Aurich-Wittmund, Emden-Norden, Leer |
| | Braunschweig-Helmstedt<br>Altewiekring 20<br>38102 Braunschweig | Bezirke der Finanzämter:<br>Braunschweig-Helmstedt, Braunschweig-Wilhelmstraße, Goslar-Bad Gandersheim, Peine und Wolfenbüttel |
| | Hannover-Mitte<br>Lavesallee 10<br>30169 Hannover | Bezirke der Finanzämter:<br>Burgdorf, Hannover-Land I und II, Hannover-Mitte, Hannover-Nord, Hannover-Süd, Nienburg, Sulingen, Syke und Stadthagen |
| | Hildesheim-Alfeld<br>Kaiserstr. 47<br>31134 Hildesheim | Bezirke der Finanzämter:<br>Göttingen, Hameln-Holzminden, Hildesheim-Alfeld und Northeim-Herzberg am Harz |
| | Lüneburg<br>Am Alten Eisenwerk 4a<br>21339 Lüneburg | Bezirke der Finanzämter:<br>Buchholz, Celle, Gifhorn, Lüneburg, Soltau, Uelzen-Lüchow und Winsen |
| | Oldenburg<br>Stubbenweg 42<br>26125 Oldenburg | Bezirke der Finanzämter:<br>Cloppenburg, Delmenhorst, Nordenham, Oldenburg, Vechta, Westerstede und Wilhelmshaven |
| | Osnabrück-Stadt<br>Süsterstr. 46-48<br>49074 Osnabrück | Bezirke der Finanzämter:<br>Bad Bentheim, Lingen, Osnabrück-Stadt, Osnabrück-Land, Papenburg und Quakenbrück |
| | Stade<br>Harburger Str. 113<br>21680 Stade | Bezirke der Finanzämter:<br>Cuxhaven, Osterholz-Scharmbeck, Rotenburg, Stade, Verden, Wesermünde und Zeven |
| **Nordrhein-Westfalen** | Aachen-Stadt<br>Krefelder Str. 210<br>52070 Aachen | Bezirke der Finanzämter:<br>Aachen-Stadt, Aachen-Kreis, Bonn-Außenstadt, Bonn-Innenstadt, Düren, Erkelenz, Euskirchen, Geilenkirchen, Jülich, St. Augustin und Schleiden |

| Land | Zuständiges Erbschaftsteuer-/ Schenkungsteuer-Finanzamt | Bezirk des Erbschaftsteuer-/Schenkungsteuer-Finanzamts |
|---|---|---|
| | Arnsberg<br>Rumbecker Str. 36<br>59821 Arnsberg | Bezirke der Finanzämter:<br>Altena, Arnsberg, Brilon, Hagen, Iserlohn, Lippstadt, Lüdenscheid, Meschede, Olpe, Siegen und Soest |
| | Bochum-Süd<br>Königsallee 21<br>44789 Bochum | Bezirke der Finanzämter:<br>Bochum-Mitte, Bochum-Süd, Bottrop, Dortmund-Hörde, Dortmund-Ost, Dortmund-Unna, Dortmund-West, Gelsenkirchen, Hamm, Hattingen, Herne, Marl, Recklinghausen, Schwelm und Witten |
| | Detmold<br>Wotanstr. 8-13<br>32756 Detmold | Bezirke der Finanzämter:<br>Bielefeld-Außenstadt, Bielefeld-Innenstadt, Bünde, Detmold, Gütersloh, Herford, Höxter, Lemgo, Lübbecke, Minden, Paderborn, Warburg und Wiedenbrück |
| | Duisburg-West<br>Friedrich-Ebert-Str. 133<br>47226 Duisburg | Bezirke der Finanzämter:<br>Dinslaken, Duisburg-Hamborn, Duisburg-Süd, Duisburg-West, Essen-Nord/Ost, Essen-Süd, Kamp-Lintfort, Mühlheim an der Ruhr, Oberhausen-Nord, Oberhausen-Süd und Wesel |
| | Köln-West<br>Haselbergstr. 20<br>50931 Köln | Bezirke der Finanzämter:<br>Bergheim, Bergisch Gladbach, Brühl, Gummersbach, Köln-Altstadt, Köln-Mitte, Köln-Nord, Köln-Ost, Köln-Porz, Köln-Süd, Köln-West, Leverkusen, Siegburg und Wipperfürth |
| | Krefeld<br>Grenzstr. 100<br>47799 Krefeld | Bezirke der Finanzämter:<br>Geldern, Grevenbroich, Kempen, Kleve, Krefeld, Mönchengladbach, Neuss und Viersen |
| | Münster-Innenstadt<br>Anton-Bruchausen-Str. 1<br>48147 Münster | Bezirke der Finanzämter:<br>Ahaus, Beckum, Borken, Coesfeld, Ibbenbüren, Lüdinghausen, Münster-Außenstadt, Münster-Innenstadt, Steinfurt und Warendorf |
| | Velbert<br>Nedderstr. 38<br>42549 Velbert | Bezirke der Finanzämter:<br>Düsseldorf-Altstadt, Düsseldorf-Mettmann, Düsseldorf-Mitte, Düsseldorf-Nord, Düsseldorf-Süd, Hilden, Remscheid, Solingen, Velbert, Wuppertal-Barmen und Wuppertal-Elberfeld |
| **Rheinland-Pfalz** | Kusel-Landstuhl<br>Trierer Str. 46<br>66869 Kusel | Bezirke der Finanzämter:<br>Altenkirchen-Hachenburg, Bad Kreuznach, Bad Neuenahr-Ahrweiler, Bingen-Alzey, Bitburg-Prüm, Idar-Oberstein, Kaiserslautern, Koblenz, Kusel-Landstuhl, Landau, Ludwigshafen, Mainz, Mayen, Montabaur-Diez, Neustadt, Neuwied, Pirmasens, Simmern-Zell, Speyer-Germersheim, Trier, Wittlich und Worms-Kirchheimbolanden |

| Land | Zuständiges Erbschaftsteuer-/ Schenkungsteuer-Finanzamt | Bezirk des Erbschaftsteuer-/Schenkungsteuer-Finanzamts |
|---|---|---|
| **Saarland** | Kusel-Landstuhl<br>Trierer Str. 46<br>66869 Kusel | Bezirke der Finanzämter:<br>Homburg, Merzig, Neunkirchen, Saarbrücken I, Saarbrücken II, Saarlouis und St. Wendel |
| **Sachsen** | Bautzen<br>Wendischer Graben 3<br>02625 Bautzen | Bezirke der Finanzämter:<br>Bautzen, Dresden-Nord, Dresden-Süd, Görlitz, Hoyerswerda, Löbau, Meißen und Pirna |
| | Chemnitz-Mitte<br>Straße der Nationen 2-4<br>09111 Chemnitz | Bezirke der Finanzämter:<br>Annaberg, Chemnitz-Mitte, Chemnitz-Süd, Freiberg, Mittweida, Plauen, Schwarzenberg, Stollberg, Zschopau und Zwickau |
| | Leipzig I<br>Wilhelm-Liebknecht-Platz 3/4<br>04105 Leipzig | Bezirke der Finanzämter:<br>Döbeln, Eilenburg, Grimma, Leipzig I und II und Oschatz |
| **Sachsen-Anhalt** | Staßfurt<br>Atzendorfer Str. 20<br>39418 Staßfurt | Bezirke der Finanzämter:<br>Bitterfeld-Wolfen, Dessau-Roßlau, Lutherstadt Eisleben, Genthin, Haldensleben, Halle, Lutherstadt Wittenberg, Magdeburg, Merseburg, Naumburg, Quedlinburg, Salzwedel, Staßfurt und Stendal |
| **Schleswig-Holstein** | Kiel<br>Feldstr. 23<br>24105 Kiel | Bezirke der Finanzämter:<br>Bad Segeberg, Dithmarschen, Eckernförde-Schleswig, Elmshorn, Flensburg, Itzehoe, Kiel, Lübeck, Neumünster, Nordfriesland, Ostholstein, Pinneberg, Plön, Ratzeburg, Rendsburg und Stormarn |
| **Thüringen** | Gotha<br>Reuterstr. 2a<br>99867 Gotha | Bezirke der Finanzämter:<br>Altenburg, Eisenach, Erfurt, Gera, Gotha, Ilmenau, Jena, Mühlhausen, Pößneck, Sondershausen, Südthüringen |

# Glossar

**Abschmelzmodell**
Verschonungsmodell für Unternehmensvermögen bei Erwerb von mehr als 26 Mio. € mit Verringerung des Verschonungsabschlags von 85 bzw. 100% je nach Höhe des Erwerbs.

**Ausgangslohnsumme**
Durchschnittliche Lohnsumme eines Unternehmens, die aus den Lohnsummen der letzten fünf vor dem Besteuerungszeitpunkt endenden Wirtschaftsjahre zu ermitteln ist.

**Basiswertregelung**
Vereinfachungsregelung bei der Wertermittlung von Grundstücken oder Unternehmensanteilen, wenn diese mehrmals innerhalb eines Jahres durch Erbfall oder Schenkung übertragen werden.

**Begünstigtes Vermögen**
Ermittlung durch Abzug des steuerpflichtigen Verwaltungsvermögens vom Wert des Unternehmensvermögens.

**Behaltensregelungen**
Voraussetzung für den Erhalt des Verschonungsabschlags beim Erwerb von Unternehmensvermögen; anteiliger Wegfall der Verschonungen der §§ 13a–c und 28a ErbStG, soweit der Erwerber innerhalb der Frist von fünf bzw. sieben Jahren gegen die Behaltensregelungen verstößt (z. B. bei Betriebsaufgabe).

**Berliner Testament**
Hierbei setzen sich Ehegatten oder eingetragene Lebenspartner zunächst gegenseitig als Alleinerben ein und bestimmen zusätzlich, dass der Nachlass nach dem Tode des zuletzt Versterbenden an einen Dritten als Erben fallen soll.

**Erbvertrag**
Verfügung von Todes wegen in Vertragsform mit Bindungswirkungen, die notariell beurkundet werden muss und im Unterschied zum gemeinschaftlichen Testament von Ehegatten allen Personen offensteht.

**Ersatzerbschaftsteuer**
Sonderform der Erbschaftsteuer, wobei das Vermögen von Familienstiftungen alle 30 Jahre der Erbschaftsteuer unterworfen und somit eine Generationennachfolge fingiert wird.

**Erbengemeinschaft**
Diese entsteht, wenn nach dem Tod des Erblassers dessen Vermögen als Ganzes auf mehrere Erben übergeht.

**Ertragswertverfahren**
Bewertungsverfahren für Mietwohngrundstücke, Geschäftsgrundstücke und gemischt-genutzte Grundstücke basierend auf den Erträgen und dem Bodenwert eines Grundstücks.

**Familienheim-Befreiung**
Sachliche Steuerbefreiung für eigengenutzte Wohnungen bzw. Häuser im Erbfall für Ehegatten, Lebenspartner oder Kinder oder bei Schenkungen für Ehegatten und Lebenspartner.

**Finanzmitteltest**
Bei der Ermittlung des Verwaltungsvermögens können von den im Betriebsvermögen vorhandenen Finanzmitteln, wie z. B. Bankguthaben und Forderungen, die Schulden und ein Sockelbetrag von 15 % des Unternehmenswerts abgezogen werden; ein Überbestand von Finanzmitteln stellt Verwaltungsvermögen dar.

**Freigebige Zuwendung**
Grundform der Schenkung unter Lebenden, bei der der Bedachte auf Kosten des Zuwendenden bereichert wird.

**Gemischte Schenkung**
Diese liegt vor, wenn der Erwerber einen Gegenstand teilweise entgeltlich und teilweise unentgeltlich, also unter Wert, erhält; hierbei ist nur der unentgeltliche Teil der Schenkungsteuer zu unterwerfen.

**Gesamtrechtsnachfolge**
Übergang des Vermögens bzw. der Schulden als Ganzes durch den Tod einer Person auf eine oder mehrere Personen.

**Gesetzliche Erbfolge**
Diese tritt ein, wenn der Erblasser kein (wirksames) Testament hinterlassen hat; hierbei erben Blutsverwandte des Erblassers sowie Ehegatten bzw. eingetragene Lebenspartner.

**Gesondertes Feststellungsverfahren (§§ 151 ff. BewG)**
Verfahren für die Ermittlung und Feststellung der Werte von Grundstücken, LuF-Vermögen, Betriebsvermögen und Anteilen an Kapitalgesellschaften durch die Belegenheitsfinanzämter in Erb- und Schenkungsfällen.

**Gewillkürte Erbfolge**
Diese kommt in Betracht, wenn der Erblasser z. B. ein wirksames Testament mit Bestimmung der Erben hinterlassen hat; diese hat Vorrang vor der gesetzlichen Erbfolge.

**Inlandsvermögen**
Ausgewähltes Vermögen (z. B. Grundstücke, Betriebsvermögen) in Deutschland, das bei der beschränkten Erbschaftsteuerpflicht (Erblasser bzw. Schenker und Erwerber kein Inländer) zu berücksichtigen ist.

**Investitionsklausel**
Möglichkeit des rückwirkenden Wegfalls von Verwaltungsvermögen bei Investition innerhalb von zwei Jahren nach dem Erbfall in begünstigtes Vermögen.

**Junge Finanzmittel**
Überschuss der innerhalb von zwei Jahren vor dem Bewertungsstichtag in ein Unternehmen eingelegten abzgl. der entnommenen Finanzmittel.

**Junges Betriebsvermögen**
Innerhalb von zwei Jahren vor dem Bewertungsstichtag in ein Unternehmen eingelegte Wirtschaftsgüter, die beim vereinfachten Ertragswertverfahren gesondert anzusetzen sind.

**Junges Verwaltungsvermögen**
Verwaltungsvermögen, das einem Unternehmen zum Bewertungsstichtag weniger als zwei Jahre zuzurechnen ist.

**Kettenschenkung**
Diese liegt vor, wenn ein Vermögensgegenstand in zwei getrennten, aber aufeinander folgenden Übertragungen von einer Person auf einen Dritten übertragen wird, wobei ein zweiter Erwerber zwischengeschaltet wird. Hierbei können die schenkungsteuerlichen Freibeträge optimal ausgenutzt werden; z. B. Schenkung hälftiges Grundstück von Ehemann an Ehefrau und anschließend jeweils hälftige Grundstückschenkung von Ehemann und Ehefrau an Tochter.

**Liquidationswert**
Bewertungsmethode für LuF-Vermögen bei Veräußerung dieses Vermögens innerhalb von 15 Jahren nach dem Erbfall bzw. der Schenkung.

**Lohnsummenregelung**
Voraussetzung für den Erhalt des Verschonungsabschlags beim Erwerb von Unternehmensvermögen. Je nach Anzahl der Beschäftigten ist in der Behaltenszeit von fünf bzw. sieben Jahren ein gewisser Prozentsatz der Ausgangslohnsumme zu erreichen (Mindestlohnsumme), ansonsten erfolgt eine Nachversteuerung.

**Mindestlohnsumme**
Lohnsumme, die abhängig von der Verschonungsart, der Anzahl der Beschäftigten und der Ausgangslohnsumme in der Behaltenszeit von fünf bzw. sieben Jahren erreicht werden muss, damit keine Nachversteuerung erfolgt.

**Mittelbare Schenkung**
Diese liegt vor, wenn die Zuwendung mit der Abrede verbunden wird, dass der hingegebene Vermögensgegenstand (z. B. Bargeld) zum Erwerb oder zur Herstellung eines anderen Gegenstandes (z. B. Grundstück) verwendet werden soll, der damit das eigentliche Zuwendungsobjekt darstellt.

**Nachlassverbindlichkeiten**
Diese können vom Vermögen des Erblassers abgezogen werden. Darunter fallen z. B. Schulden des Erblassers, Schulden, die durch den Erbfall entstehen (z. B. Pflichtteilsschulden) oder Kosten, die im Zusammenhang mit dem Erbfall anfallen (z. B. Beerdigungskosten, Nachlassregelungskosten).

**Nicht betriebsnotwendiges Vermögen**
Vermögen, das sich ohne Beeinträchtigung der eigentlichen Unternehmenstätigkeit aus dem Unternehmen herauslösen lässt und das beim vereinfachten Ertragswertverfahren gesondert anzusetzen ist.

**Optionsverschonung**
Verschonung des begünstigten Unternehmensvermögens bzw. des LuF-Vermögens durch einen Verschonungsabschlag von 100%.

**Pflichtteil**
Der Pflichtteil sichert z. B. Ehegatten oder Kindern, die von der Erbfolge ausgeschlossen wurden, eine Mindestbeteiligung am Nachlass des Erblassers zu; die Höhe des Pflichtteils beträgt die Hälfte des gesetzlichen Erbteils.

**Poolvereinbarung**
Möglichkeit der Zusammenrechnung von Anteilen des Erblassers oder Schenkers mit den Anteilen anderer Gesellschafter an Kapitalgesellschaften zwecks Erreichens von begünstigungsfähigem Vermögen (Mindestbeteiligungsquote von mehr als 25%).

**Regelverschonung**
Verschonung des begünstigten Unternehmensvermögens bzw. des LuF-Vermögens durch einen Verschonungsabschlag von 85% und einen Abzugsbetrag von bis zu 150.000 €.

**Reinvestitionsklausel**
Absehen von einer Nachversteuerung nach Verstoß gegen die Behaltensregelungen bei Investition des Veräußerungserlöses innerhalb von sechs Monaten innerhalb derselben Vermögensart.

**Sachwertverfahren**
Bewertungsverfahren bei sonstigen bebauten Grundstücken und ggf. Ein- und Zweifamilienhäusern, Wohnungseigentum, Teileigentum, gemischt-genutzten Grundstücken und Geschäftsgrundstücken basierend auf dem Bodenwert und dem Gebäudesachwert, der aus den Regelherstellungskosten zu ermitteln ist.

**Schenkung unter Auflage**
Schenkung, bei der der Beschenkte zu einer Leistung (z. B. Rentenzahlungen) oder Auflage (z. B. Wohnrecht, Nießbrauchsrecht) verpflichtet wird.

**Substanzwertverfahren**
Verfahren zur steuerlichen Bewertung eines Unternehmens unter Ansatz der Einzelwirtschaftsgüter des Unternehmens mit dem gemeinen Wert.

**Verbundvermögensaufstellung**
Zusammenrechnung von Verwaltungsvermögen, Finanzmitteln und Schulden bei mehrstufigen Beteiligungsstrukturen je nach Beteiligungsquote.

**Vereinfachtes Ertragswertverfahren**
Verfahren zur steuerlichen Bewertung eines Unternehmens auf Basis der Erträge; dieses bezieht sich auf bereits abgelaufene Jahre und ist daher einfacher zu ermitteln als die zukunftsbezogenen betriebswirtschaftlichen Methoden.

**Verfügbares Vermögen**
Nicht begünstigtes Vermögen des Nachlasses bzw. der Zuwendung und des Erwerbers, das im Rahmen der Verschonungsbedarfsprüfung hälftig zur Erbschaft- bzw. Schenkungsteuerzahlung verwendet werden muss.

**Vergleichswertverfahren**
Bewertungsverfahren bei Wohnungseigentum, Teileigentum, Ein- und Zweifamilienhäusern, basierend auf Vergleichspreisen und Vergleichsfaktoren.

**Vermächtnis**
Übergang von einzelnen Vermögensgegenständen des Nachlasses auf eine Person, die grundsätzlich nicht Erbe des Nachlasses geworden ist.

**Verschonungsabschlag**
Sachliche Steuerbefreiung des begünstigten Vermögens von 85 bzw. 100 % beim Erwerb von Unternehmensvermögen bzw. LuF-Vermögen.

**Verschonungsbedarfsprüfung**
Verschonungsmodell für Unternehmensvermögen bei Erwerb von mehr als 26 Mio. € mit der Möglichkeit des (Teil-)Erlasses der Erbschaftsteuer nach Prüfung des verfügbaren Vermögens.

**Versorgungsfreibetrag**
Zusätzlicher Freibetrag für Ehegatten, eingetragene Lebenspartner und Kinder nach dem Tod des Erblassers; dieser ist um den Kapitalwert von Versorgungsbezügen (z. B. gesetzliche Witwenrenten, Beamtenpensionen, (Halb-)Waisenrenten) zu kürzen.

**Vertrag zugunsten Dritter**
Hierbei hat der Schuldner des Vertrags die geschuldete Leistung nicht gegenüber seinem Vertragspartner (z. B. Erblasser bzw. Schenker) sondern gegenüber einem von diesem bestimmten Dritten zu erfüllen, z. B. an einen Begünstigten einer Lebensversicherung oder eines Bankguthabens.

**Verwaltungsvermögen**
Vermögensbestandteile des Unternehmensvermögens, die auch Privatvermögen darstellen können (z. B. Wertpapiere, Mietwohngrundstücke), und die grundsätzlich nicht der erbschaftsteuerlichen Verschonung unterliegen und damit zu versteuern sind.

**Vorwegabschlag**
Abschlag bis zu 30% auf das begünstigte Vermögen vor Anwendung der Verschonungsregelungen bei Familienunternehmen (GmbH oder Personengesellschaft) bei vorhandenen Entnahme-/Ausschüttungs-, Verfügungs- und Abfindungsbeschränkungen.

# Stichwortverzeichnis

# Der Autor

**Holger Rüttenauer** ist Dipl. Finanzwirt (FH) und bei der OFD Karlsruhe zuständig für erbschaftsteuerliche und bewertungsrechtliche Fragen, insbesondere zur Unternehmensbewertung. Er ist Lehrbeauftragter an der Hochschule für öffentliche Verwaltung und Finanzen, Ludwigsburg und als Referent tätig in der Steuerberateraus- und -fortbildung.